從歷史看職場

職場宮心計

流傳千年的職場生存法則

職場宮心計

流傳千年的職場生存法則

從歷史看職場

古代帝王臣子的實例分享！
讓你一輩子受用的職場生存守則！
兩千年來，無一例外，真人真事，絕非改編。

目錄

Contents

從歷史看職場

Contents

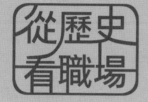

自序

我不是歷史學專家，我的本職工作是做企業諮詢和培訓工作，閒暇之餘喜歡讀歷史方面的書。有些事情做得多了，想得也就多了；想得多了，就希望把自己想的記錄下來。

我一直在想：中國幾千年的歷史，除了留給我們故事和可供閒談的資料以外，還有其他有價值的東西嗎？歷史這部書在試圖告訴我們什麼？這個問題一直是我閱讀歷史時的出發點，我希望能夠找到這個答案，明白那些歷史想要告訴我們的東西。

公元二〇〇七年末，我和出版社合作出版了一本《職場有坑》。在和編輯商量這個書名的時候，我似乎找到了我想要的答案。我在《職場有坑》一書中有如下文字：

人類總覺得看別人掉進坑裡很可笑，殊不知自己已經站在坑的邊緣，下一個掉進坑裡的可能就是自己。故歷史一再重演，總是有人跌倒在同樣的坑裡。如同在中國幾千年的封建時代裡，有多少個王朝興起又衰亡，試問有哪個皇帝願意看到國家衰敗？可偏偏每一個王朝都躲不過掉入坑裡的命運，最後全數消亡！歷史是一本書，曾經有多少失敗者用自己的鮮血在告訴後來者：「小心，這裡有坑。」可後來者並沒有理解什麼是「知興替，明得失」。歷史依然一幕幕地重演，失敗者「不暇自哀，而後人哀之。後人哀之，而不鑑之，亦使後人而復哀後人也」。你聽見歷史的一聲嘆息了嗎？將來會有人聽到你的那聲嘆息嗎？

在寫下了這段文字之後，我覺得歷史想要告訴我們的就是這些經驗，這些我們不必親自品嘗和經歷就可以學習和了解的經驗。於是，我再次回頭去品讀歷史，試圖去尋找那些先人用鮮血或性命換來的寶貴經驗。

別人的成功經驗可以模仿，別人的失敗教訓也完全值得借鑑！我們應該從別人的經驗中汲取養分，這些經驗就是財富，越廣泛地去應用，這個財富就越大！這是我創作本書的初衷。

本書分為上、下兩篇。上篇側重於對歷史人物的品讀，如：李廣為什麼未被封侯？張居正為什麼後來一敗塗地？雍正為什麼留下惡名？在上篇中，我側重於還原一個立體的歷史人物，從他最初登上歷史舞台直至最終離開，透過其人生軌跡中數個關鍵的闡述和分析，去了解他因何成功又因何失敗，並試圖勾勒出一張清晰的路線圖，用兩句話概括：「心離俗事話功名，品評興衰榮辱。」下篇側重於對歷史事件的品讀，以闡述不同歷史事件背後的共同點，以史為鑑來指導個人行為，同樣用兩句話來概括：「身陷凡務語心機，縱論道術權謀。」

本書不局限於描述歷史，更關心歷史背後的問題，強調深度解析，為讀者提供一個思考方向和經驗的總結。心離俗事話功名，品評興衰榮辱；身陷凡務語心機，縱論道術權謀——這是我閱讀歷史時的心境，也是我撰寫本書時的心境。我希望可以從歷史中汲取和總結經驗，側重於「結果背後的行為」的解讀以及「行為背後的原因」的心理解讀。因此，無論是品人還是品事，我將深度挖掘隱藏在結果表面下的原因。我相信，無論是個人的成功失敗，還是事件的結果實現，這些都是最終的表徵，且已經書寫於歷史之中了，對我們而言，「為什麼」才是最重要的，而我正希望去挖掘這些「為什麼」。

在每個主題之後，都有一段「深度解析」，這段內容不多，是該主題的一個小結。與主題正文內容相比較，這段總結所占比重很小，因為我側重於歷史人物或事件的勾勒與還原，以及相關行為、結果背後原因的分析。至於從這些內容中，我得出什麼結論並不重要，我不想以我個人的意念去限制讀者思想的疆界，我只想拋出一塊磚，讓讀者朋友透過自己的思考得到一塊玉。其實，任何人對於任何事，都會有自己的觀點和看法，之所以有意在書中削減我對於人物和事件的點評和總結，就是希望留給讀者一個缺口，一個思考的缺口，有了這個缺口，讀者就可以得出自己的結論。布雷克說：「一朵花可以看到天堂，一粒砂可以看到世界。」我希望自己正是那一朵花、那一粒砂，如果讀者朋友透過本書能夠看到更廣闊的世界，將是我莫大的榮幸！

商振

上篇

心離俗事話功名，評興衰榮辱

樂不思蜀的阿斗

公元二六三年，魏國兵分三路進攻蜀漢。魏將鄧艾走捷徑攻入蜀中，後主劉禪派諸葛亮之子諸葛瞻阻擊鄧艾，不料諸葛瞻卻戰死在綿竹。通過這道防線後，魏軍直指成都，而姜維率領的蜀軍主力還在劍閣駐守。劉禪連忙召集大臣開會商議，意見無非兩條：投降或者逃跑。光祿大夫譙周力主投降魏國，劉禪採納降魏的建議，反縛自己雙手出城投降鄧艾，並根據鄧艾的命令，下令蜀軍全部投降。蜀亡後，劉禪移居魏國都城洛陽。一天司馬昭與劉禪喝酒，特地安排樂師演奏蜀地音樂，劉禪的隨從聽了都很難過，劉禪卻眉開眼笑。後來又有一日，司馬昭問劉禪：「頗思蜀否？」劉禪回答說：「此間樂，不思蜀。」

千百年來，劉禪一直因「樂不思蜀」被人斥為「扶不起」，劉禪這個本名也因此被阿斗這個小名所取代。不思進取、貪圖享樂，阿斗簡直成了怯懦、沒有上進心的代名詞。可從另外一個角度去研讀這段歷史，作為三國中最弱的一方，「扶不起的阿斗」劉禪能領導蜀國四十一年，最後雖然成了亡國之君，卻得以安享天年，這實在很不容易。也許，阿斗並不是扶不起的。

在說劉禪投降這事之前，先來看看當時蜀國所處的環境。魏國占據了長江以北的廣大地區，東吳占據著除四川以及雲南、貴州部分地區之外的長江以南的廣大地區，蜀漢政權僅保有區區四川以及雲貴的部分地區。換言之，魏國占據了全中國十之七八的地盤，其餘東吳也占據了大部分。從實力對比上看，打是打不過了。而當魏軍直指成都時又是什麼情況呢？逃的路線無非是棄成都而進南中，或者投靠孫吳。但南中地區，也就是四川南部及雲、貴部分地區情況複雜，且少數民族聚集，不見得能有立足之地。去投靠孫吳，先不說人家會不會收留自己，就連孫吳自己也不見得能自保，投靠孫吳的意義並不大。

因此，打無可打，退無可退，投降未嘗不是當時的最佳選擇。確實投降之後蜀國即亡，但老百姓卻能減少災難，更何況蜀國本就逃不開滅亡的命運——這話不是筆者說的，而是諸葛亮說的，他在〈後出師表〉中，曾清醒地指出：「然不伐賊，王業亦亡。唯坐而待亡，孰與伐之？」除去魏、吳的咄咄相逼，蜀漢政權還面臨著少數民族和四川土著勢力的頑強抵抗。諸葛亮這樣的「超人」都無力回天，所謂「六出祁山」也只是避免「坐而待亡」的權宜之策。

在這樣的環境下，劉禪的選擇不見得是完全不可取的。劉禪寧願背負罵名也要投降，乃「全國為上之策」。在國家存亡之際，劉禪更注重百姓現實利益，並沒有與對方做無謂抵抗，雖然留下了千古罵名，卻讓蜀國人民免受戰爭之苦，這算不算「捨小家為大家」呢？再者蜀魏之爭，只能算是「內部戰爭」，又不是「抵禦外敵侵略」，因此沒有必要過度解釋為「民族大義」。

劉禪雖然是亡國之君，但亡國不是他之罪，更非他所願，沒有任何一個皇帝願意自己亡國。雖然劉禪最終選擇了「自縛投降」，但在那樣的情形下，換作是我們又能如何？號召人民奮力抵抗？有抵抗的餘地嗎？痛罵魏國「帝國主義侵略」？有用嗎？即便是戰死、英雄般倒下又有何用？除了給中國歷史留下「光輝一筆」之外，能夠解決當時百姓即將為人魚肉的問題嗎？能夠對蜀國起到哪怕是一點「建設性」的意義嗎？

中國幾千年歷史朝代更迭，所謂「逐鹿中原」，大都是「興，百姓苦。亡，百姓苦」。捨得一身剮很容易，但不管遇到什麼事，都拚自己的命，別拿他人的命做擋箭牌。可又有多少所謂的「正人君子」打著「仁義道德」的幌子、賣著「百姓」的命，保的卻是自己的榮華富貴。雖然劉禪在歷史上顯得「沒有氣節」，但他卻給了蜀國人民最大的利益：「民生」，難道這不是一國君主應當奮鬥的首要目標嗎？在危難關頭，捨棄自己以保全國家人民。如此決策，比那些為了一己私利，不斷慫恿老百姓為自己賣命的人不知要好多少。在這一點上，劉禪比南唐後主李煜思慮周全。

當北宋大軍殺來之時，李煜先是數次派使者請求退兵，未果。宋太祖開出條件：只要李煜自降就不大興伐兵。這位寫「朦朧詞」的高手皇帝態度堅決，發動了他一生中第一次也是最後一次戰爭。他做的第一件事情就是號召百姓捐錢抗戰，而事實上他自己尚有百萬銀子的私房錢，說是「保衛祖國」，其實只是為了自己的享受。南唐軍民的拚死抵抗終於沒能阻止宋太祖統一的步伐，金陵城終究還是淪陷了。此時，李煜的「民族氣節」全無，為了保全自己的性命，他以歷史上級別最高的投降——肉袒（裸露上身），出城向宋軍跪倒乞降。「最是倉皇辭廟日，教坊猶奏別離歌。垂淚對宮娥。」從李煜這首〈破陣子〉可以看出：

山河失去了，我不在乎。家國破了，我也不心疼。只是身邊的美人啊，讓我惦念。那麼多南唐臣民，他們奮死保衛的不是家國，而是他——李煜的美人。

再來說說「樂不思蜀」。首先要弄清楚一個問題：劉禪是否真的是「紈絝子弟」？這個問題很重要，因為只有先清楚一個人是什麼樣的人，才能更深入地了解特定語言和行為的意義。

劉禪是否是個傻子？在回答這個問題之前，先要回答劉備是不是傻子？恐怕不是。雖然頂著一個皇叔的虛名，年近半百還寄人籬下，但被曹操讚譽為：「今天下英雄，唯使君與操耳。」劉備也確實成就了自己的事業，打下了自己的江山，這樣的人不可能是個傻子。那諸葛亮是不是傻子呢？毋庸置疑：不是。既然這兩位都是有智慧的人，他們豈會選擇一個傻子來做皇帝？

而事實上，劉禪不僅不是傻子，歷史上對他的評價還很高。據《晉書・李密傳》載，李密認為作為君主，劉禪「可次齊桓」。與春秋五霸之首的齊桓公比肩，這個評價不能說不高吧？諸葛亮在〈與杜微書〉中評價阿斗「今年始十八，天資仁敏，愛德下士。天下之人思慕漢室，欲與君因天順民，輔此明主，以隆季興之功，著勳於竹帛也。」諸葛亮不是那種阿諛奉承的人吧？他給的評語應該還能信任的吧！既然劉禪不是傻子，那麼他做過什麼聰明事？似乎沒有。翻閱史書，關於他的記載很少。《魏略》記載，劉禪對諸葛亮說「政由葛氏，祭由寡人」，意思是劉禪將政治、軍事大事都讓給諸葛亮做主，而他只管祭祀儀式方面的事情。後世也大都以此批評他沒有做什麼事情，我卻以為這正是劉禪做的一件最大的事情。

劉備死時六十三歲，託孤給諸葛亮，希望他幫助劉理、劉永和劉禪三兄弟扶持漢室。但託孤時的話很耐人尋味，劉備對諸葛亮說：「君才十倍曹丕，必能安國，終定大事。若嗣子可輔，輔之；如其不才，君可自取。」意思就是你諸葛亮有安邦定國之才，如果你看我的兒子還有點潛力，能夠輔佐就輔佐他，如果覺得他不行，你就自己做皇帝吧！諸葛亮不是奸臣，肯定不能「自取」，那劉備為什麼要說這些話？因為諸葛亮的勢力太大了，劉備認為自己死後，劉禪不一定能駕馭得了他，因此以退為進。劉備尚且需要「退」，何況劉禪？

隨後發生的事情也證明了劉備並非杞人憂天。諸葛亮立劉禪為帝，改元建興，而劉禪是劉備三個兒子中最年幼的一個，登基時僅十六歲。《魏略》中載魏明帝的布告說：「亮外慕立孤之名，而內貪專擅之實。劉升之（劉禪別名）兄弟守空城而已。」雖然魏明帝此舉有「挑撥離間」之嫌，但諸葛亮在蜀國的勢力可見一斑。從政治經驗到力量對比，劉禪都處於非常不利的境地，劉禪卻很好地處理了這一矛盾。

劉備臨終叮囑劉禪：「汝與丞相從事，事之如父。」於是，劉禪「政事無巨細，咸決於亮」，放權給諸葛亮處理軍政大事。事實上，這是對劉禪最為有利的選擇。試問劉禪若和諸葛亮爭權，結果會是如何？劉禪肯定一敗塗地。既然爭不過，就讓你先替我掌管，因此才有了「政由葛氏，祭由寡人」之說。劉禪這樣做，實際上是把諸葛亮先放到「忠臣賢相」的位置上，劉禪把「好名」都給了諸葛亮，那諸葛亮也就只能「鞠躬盡瘁，死而後已」而不能有其他想法了。如此，劉禪既保住了自己的位置，不會因政見不合讓諸葛亮有「自取」的機會，同時還打著諸葛亮的招牌，做自己想做的事情。

劉禪繼位第二年便推行「務農殖穀，閉關息民」，第三年遣諸葛亮「南征四群，四群皆平」。《諸葛亮集》記載了蜀國初次北伐時的景象，「吳王孫權同恤災患，潛軍合謀，掎角其後。涼州諸國王各遣月支、康居胡侯支富、康植等二十餘人詣受節度」。與《三國志．後主傳》記載的劉禪登基時，「幾牂牁太守朱褒擁郡反，益州郡有大姓雍闓反，越雟夷王高定亦背叛」相比，短短幾年的時間，劉禪不但恢復了國家的元氣，且國力空前鼎盛。有人說，劉禪能取得這樣的成績，諸葛亮的輔助功不可沒。誠然，此時的功勞得有諸葛亮的一半，但值得注意的是：諸葛亮並不是輔佐了劉禪一生。諸葛亮去世後，劉禪還有哪些作為？

劉禪十六歲登基，以諸葛亮為相。二十九歲時，諸葛亮去世，劉禪親政到五十七歲。在後諸葛亮時代，劉禪也非一無是處。劉禪曾提出「須吳舉動，東西掎角，以乘其釁」的治國方案，意圖先休養生息，積蓄力量後從長計議再北伐。這一政策從諸葛亮一意北伐，因而勞民傷財、致使國家衰弱的結果來看是正確的。諸葛亮死後，魏延與楊儀爭權不和，這是劉禪「獨立」後面對的第一件難題。魏延造反，卻表奏楊儀造反。劉禪聽完魏延表奏，馬上提出疑問，曰：

「魏延乃勇將，足可拒楊儀等眾，何故燒絕棧道？」後魏延被殺，劉禪將楊儀「廢徙漢嘉郡」，同時以「蔣琬為尚書令，總統國事」，使動盪的局面很快穩定下來。為防止權臣濫權，劉禪以費禕為尚書令和大將軍主管政務，以蔣琬為大司馬主管軍事，兩人的權力相互交錯，相互牽制，但又各有側重。

研讀這一系列措施，可以了解劉禪智慧、果敢的一面。難怪南朝史學家裴松之評價劉禪「後主之賢，於是乎不可及」。

劉禪不僅「賢」，《三國志》的作者陳壽對劉禪還有這樣一句評價：「後主任賢相則為循理之君。」什麼是循理？直白點解釋就是明白事理。除了「任賢相」外，還有一件事情可以證明劉禪很明白事理。曹魏政權遭司馬氏篡奪後，夏侯霸為躲司馬氏的迫害，逃到蜀國。夏侯霸心裡對蜀國——尤其對劉禪——是有芥蒂的，因為其父夏侯淵在漢中戰役時死於劉備軍隊。本來夏侯霸一心為父報仇，多年來帶兵戰鬥於漢中與涼州地區，不想此時卻要棲身在仇家。劉禪熱烈歡迎他的到來，對於夏侯淵的死，劉禪說：「卿父自遇害行間耳，非我先人之手刃也。」那都是上一代的恩怨了，而且當時各為其主，且又不是我父親劉備親手殺了你父親，因此，你我二人沒有殺父之仇。一語化解了夏侯霸心中的顧慮和仇恨，劉禪很會做人吧？試問一個如此明白事的人，會不知道什麼該做、什麼不該做？會不知道什麼該說、什麼不該說？可劉禪偏偏說了那句足以讓自己遺臭萬年的「此間樂，不思蜀」。

劉禪投降後，舉家遷往洛陽，被封為「安樂公」。此時的他，雖然是亡國之君，但不僅僅影響著自己的性命，家人及蜀地百姓的幸福也全端賴司馬昭如何看待他。司馬昭對劉禪的評價，直接影響到晉國對蜀地百姓政策的寬鬆與否。所以劉禪裝憨賣傻，處處收斂鋒芒，不僅是為瞞天過海、養晦自保，更是為了「給廣大人民謀幸福」。這個方針可以說是成功了，最後劉禪贏得了司馬昭一句：「我無憂矣！」

說起來，當年越王勾踐不也採取了相同策略嗎？公元前四九四年，吳王夫差攻破越都，勾踐被迫屈膝投降，率妻和大臣范蠡親去吳國做人質。到了吳國後，夫差有意羞辱，便將他囚於石室。要他住在夫差父親闔閭墳前的一個小石屋裡守墳餵馬。有時乘車出門，還故意要他牽馬在吳國人面前走過。勾踐自稱賤臣，對吳王執禮極恭，「服犢鼻、著樵頭；夫人衣無緣之裳、施左關之襦」，如同夫差手下的僕役。最瘋狂的是夫差生病，勾踐前去問候，還親自取嘗夫差剛拉的大便，體察夫差的病情，所謂「問疾嘗糞」。三年後，夫差認為勾踐已真心臣服，決定放勾踐夫婦和范蠡回國，才會有後來大敗吳師的故事。

為什麼勾踐「嘗糞」都可以，而劉禪只是說了句話就「萬夫所指」呢？在於勾踐最後成功復國了，而劉禪沒有。原來歷史真的是「以成敗論英雄」。忽然有個很好玩的猜想，如果勾踐最後沒有成功，如果劉禪最終統一了三國，歷史又會如何評價二人？

深入解析

「扶不起」是阿斗背負千年的罵名，甚至直接成為罵人的話，這對於一國之君真是莫大的諷刺。在中國歷史上，做皇帝的人不知凡幾，亡國皇帝也不在少數，但為何背負最多罵名的卻是劉禪？

說起來很有意思，劉禪被罵倒和亡國沒有多大關係，只是因為那句「此間樂，不思蜀」。但透過上面的文章，我們知道劉禪並非好逸惡勞之人，他很努力地經營著一切。曾經，他努力地平衡自己和諸葛亮之間的關係；曾經，他努力地希望「閉關息民」；曾經，他睿智地看清了「魏延造反」事件的本質。他真的用了心，做了很多事，結果這些事情無人記住，一句背後有台詞的話卻遺臭萬年。劉禪被後世罵，為我們昭示了一條生存法則：**人類只會記住他們想記住的事情！**

既然這句話對劉禪而言如此重要，就不得不對這句話及其背後的故事進行分析，透過分析，我們會發現劉禪說這句話不是因為他沒心沒肺，事實恰恰相反，正因為他的心眼太多了。他說這句話，不是因為他貪圖享樂，而是為了給他曾經的屬民爭取更多利益，為了讓自己的生命可以得到更長的延續，以備復國的理想。雖然，這一終極目標最後沒能實現，但前面的階段目標劉禪是實現了。因為劉禪說了這句話，才爭取到時間和空間。劉禪階段目標的實現為我們昭示了一條生存法則：**守弱是一種自我保護的方法！**

性格所誤的崇禎

在歷代改朝換姓的時候，亡國之君大都會被後世唾罵，崇禎帝是個例外。後世評價他時，大都很同情他。因為，當接力棒交到他手上的時候，明朝已經無力回天。明末，內有李自成、張獻忠等「流寇」，外有後來的江山得主——清朝虎視眈眈。「屋漏偏逢連夜雨」，崇禎帝執政的十幾年裡旱災、水災、蝗災一個接著一個發生，把更多的飢民推向了「流寇」那一邊。皇朝內部，大臣各懷鬼胎，後代歷史學家經常感嘆崇禎朝「有君而無臣」。不知道是因為沒有良臣輔助（崇禎帝在位十七年竟沒有一位歷史上很知名的朝臣）而導致崇禎的悲劇，還是崇禎注定的悲劇淹沒了良臣虎將。明朝就在一片吵鬧的紛擾中消亡，崇禎也在眾叛親離後於煤山自縊。

崇禎在位十七年，一直勤政理事，節儉自律，不近女色，史志稱其「雞鳴而起，夜分不寐，往往焦勞成疾，宮中從無宴樂之事」。若論起勵精圖治，崇禎是朱元璋以後明代十六位君主中最出色的一個。正因如此，後世大都認為明朝滅亡與他無關，他不過是一個悲劇人物。李自成〈登極詔〉裡面也說：「君非甚暗，孤立而煬灶恆多；臣盡行私，比黨而公忠絕少。」難道真應了那句「君非亡國之君，臣皆亡國之臣」嗎？

崇禎在剛剛登基之後，曾當機立斷地除去了魏忠賢與客氏，這是他最為光輝的篇章。

天啟七年（公元一六二七年）八月二十四日，天啟皇帝死後的第三天，朱由檢正式即位，定次年改元崇禎。而此時，魏忠賢以司禮監秉筆太監提督東廠。魏忠賢的親信田爾耕為錦衣衛提督、崔呈秀為兵部尚書，兩人分掌朝廷內外兩大兵權。朝廷內外自內閣、六部乃至四方總督、巡撫，遍布魏忠賢的死黨。在這樣的情況下，崇禎處於恐懼和壓抑之中。

崇禎是在八月二十三日入宮的，當晚沒敢睡覺，因為他害怕有人會謀害他。他取來巡視宦官身上的佩劍防身，不敢吃宮中的食物，只吃袖中私藏的麥餅。在這樣的氛圍中，崇禎沒有辦法沉浸在君臨天下的喜悅中，而只能考慮如何穩固自己的位置並保證自己的安全。他登基之後做的第一個決定就是：除去魏忠賢。他要怎樣開始這個大計畫呢？

崇禎知道，憑他現在的勢力，根本無法除去魏忠賢。因此，他需要把拳頭藏起來，用笑臉相迎。在最初對待魏忠賢的態度上，崇禎和哥哥朱由校一樣以禮相待，不斷地嘉獎魏忠賢、王體乾、崔呈秀等人。另一方面，他將自己原來王府中的侍奉宦官和宮女悄悄帶到宮中，以保證自己的人身安全。與此同時，崇禎逐步削弱魏忠賢的影響力，並以此向朝臣發出信號。

魏忠賢一次給皇帝上了一道〈久抱建祠之愧疏〉，向崇禎請求停止為他建造生祠的活動。當時各地官員，為了巴結魏忠賢，紛紛在屬地為其興建生祠，以表達對魏忠賢的尊重之情。崇禎讀了這篇奏折，批覆道：「以後各處生祠，其欲舉未行者，概行停止。」借著這道折子的坡，崇禎下驢了。在看似「順從」魏忠賢意願的背後，崇禎抑止了朝野上下對魏忠賢的進一步崇拜，同時向朝臣發出信號：算總帳的時候到了。

天啟七年十月十三日，御史楊維垣上疏彈劾崔呈秀：「呈秀毫無益於廠臣（魏忠賢），而且若為廠臣累。蓋廠臣公而呈秀私，廠臣不愛錢而呈秀貪，廠臣尚知為國為民，而呈秀唯知恃權納賄。」意思是：所有的壞事都是崔呈秀做的，而魏忠賢是天底下最好的人。這顯然是丟車保帥之策，把所有問題都讓崔呈秀來扛。時任兵部尚書的崔呈秀在魏忠賢黨羽中很有分量，是魏忠賢門下

「五虎」之一、得力幹將。這次崇禎自然撿了便宜，准奏，免除崔呈秀的兵部尚書一職，令他回鄉守制。

停生祠，免呈秀，兩記殺威棒一出，這下朝廷中的大臣摸準了風向，揭發和彈劾魏忠賢的奏疏接二連三地出現。但不是有人彈劾就可以下手了，崇禎選擇了繼續等待，他在等待魏忠賢下一步的動作。魏忠賢上鉤了，迫於輿論壓力，他主動請求「引疾辭爵」，崇禎照准。在削掉魏忠賢官職之後，崇禎派魏忠賢到中都鳳陽祖陵司香，這正是崇禎的聰明之處。

名為司香，實際上是將魏忠賢從權力中心趕走，一旦離開了京都，魏忠賢就是孤軍奮戰，失去了黨羽的支持。失去黨羽的掩護和幫助，捉拿魏忠賢的事情才可以一擊即中。魏忠賢前腳剛走，崇禎就命錦衣衛旗校將魏忠賢緝拿回京。十一月六日，在阜城縣（今河北阜城）南關的旅舍中，魏忠賢孤零零地待在旅館裡，錦衣衛捉拿至此，魏忠賢自縊而亡。

其實魏忠賢死得蹊蹺，在外他沒有幫手，但回京就大有機會，他不會不知道自己還有殘餘勢力，但他竟然放棄了生機。其實究竟是「自殺」還是「他殺」並不重要，重要的是魏忠賢死了，這正是崇禎想要的結果。清算魏忠賢餘黨的行動開始了，至崇禎二年三月十九日，所謂閹黨逆案才告終結。

以一己之力除魏忠賢，體現了崇禎的膽識謀略和高超的政治手段。但令人不解的是，費盡周折地除去魏忠賢閹黨之後，崇禎自己又繼續信任宦官，走上了和他兄長一樣的輪迴。也許這正是崇禎性格多疑的表現，他不信任外人，只相信自己身邊的人。可見人往往不是相信值得信任的人，而是相信自己願意信任的人。值得崇禎信任的袁崇煥就沒那麼幸運，自己拚死衛主，結果卻被崇禎凌遲處死。

袁崇煥在崇禎元年（公元一六二八年）七月接受崇禎召見時，曾許下海口「五年平遼」。事實上，袁崇煥確實很有兩把刷子，在遼東寧遠、錦州及山海關一線確實是牢牢守住了京都門戶，清朝軍隊在此尺寸未進。後來，皇太極沒辦法，繞過袁崇煥布置的防線，從薊門南下，進逼京師。崇禎二年十月下旬，清朝十萬軍隊到達遵化城下，距京師不過兩三百里。袁崇煥立即命山海關總兵趙率教增援，自己也於十一月五日率兵入關。十一月二十日，崇煥在廣渠門與清朝軍隊開戰，袁崇煥身先士卒，將皇太極逼退。二十七日，袁崇煥擊退了皇太極的軍隊，京師周邊已經完全肅清。沒想到剛打敗敵人的袁崇煥馬上就走上了一條不歸路——死神正一步一步向他靠近。

十二月一日，崇禎在紫禁城平台召見兵部尚書、右副都御史、薊遼督師袁崇煥，傳諭是要「議軍餉」。北京此時是全城戒備，城門禁閉，城上用繩子吊一個筐下來，袁崇煥就坐在筐裡被提到城上。到了平台後，崇禎皇帝並沒有同他議軍餉，而是當即下令將他逮捕下獄。此時袁崇煥才明白，所謂「全城戒備」，戒備的不是清兵，而是他袁崇煥及他手下的精兵。可笑的是，祖大壽是袁崇煥部將，遂節制遼兵，得知此消息後率部東返，不理會崇禎的「勤王」命令了。後來還是藉著獄中袁崇煥的親筆書信，才將祖大壽及守遼軍隊召還，並收復永平、遵化一帶。

事情的起因，據《崇禎長編》記載：楊春、王成德兩名太監被清兵俘虜，皇太極派副將高鴻中、參將鮑承先、寧完我和巴克什達海等看守這兩人。幾個人坐在兩個太監隔壁，故意在談話中暗示袁崇煥已經與皇太極有密約要攻取北京。後來，楊、王太監居然「神通廣大」地越獄逃回紫禁城。這倆人剛從鬼門關轉回來，迫不及待地寫了一篇「我這一路上」的紀實文學，並第一時間將文稿交給了崇禎皇帝。皇帝此時很相信太監——他身邊的人，所以才決定在平台召見袁崇煥「議餉」。

崇禎三年三月十六日，崇禎帝命人將袁崇煥凌遲處死，妻妾兄弟流放到福建。從後來的一系列事件來看，這一看似平常的「狡兔死走狗烹」卻為明朝滅亡帶來了一系列的影響。而崇禎犯下如此嚴重的錯誤，居然只因為太監聽來的一句話，這再次印證了崇禎的悲劇實際上是出於其多疑的性格。除開多疑，崇禎的性格中還有其他缺點。

袁崇煥死後，明朝在與李自成的各次對抗中均處於劣勢。究竟誰能擔當抵禦「反賊」的重任？此時他想到了吳三桂。吳三桂繼袁崇煥之後鎮守山海關多年，一樣將皇太極擋在關外，實戰經驗和能力自然不用說，調此人來指揮軍隊對抗李自成，不失為一計良策。但「聰明」的崇禎皇帝，在這性命攸關的時候又打起了小算盤。把吳三桂調進關，就等於把寧遠放棄給清兵，他不想擔這個丟失疆土的罪名，因此，想拉上朝臣一起「上刀山」。崇禎十七年正月十九日，崇禎正式向大臣徵詢調吳三桂入關一事的意見。眾大臣皆承認吳三桂是抗擊李自成最好的人選，但大家心裡明鏡似的：崇禎是想拉自己墊背呢。都什麼年代了，還玩這招？這都玩過了啊！

兩年前的事情大家至今記憶猶新。崇禎十五年，在被李自成打得很狼狽的時候，崇禎曾打算與清兵議和，以便騰出力量安內——撲滅闖王起義。崇禎與兵部尚書陳新甲商議後，決定祕密進行此事，並交由陳新甲具體實施。可惜事情還是張揚出去了，大臣紛紛質詢是否有此事。崇禎害怕擔個「媚外」的罪名，沒等陳新甲講出實情，就把他給拖出去斬首了。這事情才過去不到兩年，眾大臣記憶猶新，沒有人想做第二個陳新甲。

崇禎一再聲明：「此等重大軍機應行與否，原應先生們主持擔任，未可推諉，延緩誤事。」但這些大臣都是官場上的老油條了，誰肯上這賊船？崇禎有意推卸責任，朝臣含糊應對，誰也不拍這個板。後來崇禎逼問得緊了，朝臣就想出一個很「民主」的辦法——向各省督撫徵詢意見。在此國家存亡的危機時刻，皇帝和大臣在這慢悠悠地「打太極」，二月八日山西首府太原城破，一晃二十天過去了，調吳三桂的事還沒定下來。此事折騰了一個多月，由於朝臣沒有明確表態，崇禎自己也不願承擔「棄地」的責任，就把這件攸關國家命運的大事給壓下去了。

時間沒了，機會沒了，京師也沒救了！崇禎皇帝終於在三月初下了讓吳三桂擒王的命令，但吳三桂的軍隊才剛剛開拔，北京就已經淪陷了。

身為國君，在危亡時刻不能力挽狂瀾，反而為了推卸責任與群臣糾纏不清，喪失了大好機會，反映出崇禎性格中懦弱的一面。

什麼是領導人？領導人就是要扛責任的，天塌了，你不扛誰扛？雖然你個頭不高，但誰讓你在最上面呢？如果連你都不想承擔責任，又有誰會願意承擔這個責任呢？類似的事情不只發生過一次。

崇禎十七年二月十日，總憲李邦華向崇禎帝提出了遷都南京的建議。根據李邦華的建議，崇禎帝可以以到孔廟聖地的名義出京，出京後直接南下去南京。崇禎聽後沒表態，只說「知道了」。崇禎可不是沒聽進去這個建議，後來他在朝會上討論這件事情，可得到的並不是他想要的結果。

朝中的大臣都認為即使是南下，也應該是太子南下，皇帝應該守衛社稷。「我這做皇帝的留在這等死，你們卻領著接班人躲風頭去了，如果我這有什麼閃失，你們就能立刻擁護新帝即位，酒照喝，舞照跳，官照當，就我皇帝一個人和閻羅王下棋，真虧你們想得出來。那還討論南下做什麼？」崇禎於是冠冕堂皇地說：「國君死社稷，恆理也。」這話說得顯然違心，既然已經打算「死社稷」了，怎麼還拋出南下這個議題呢？

末了，崇禎還給提出南下建議的臣子一句：「言遷者欲使朕抱頭鼠竄耶？」廢話，不打算逃跑你開會研究它幹麻？準備組團到江南旅遊？你就是有這個精力和時間，人家李自成還不願意呢，他還想找你喝酒呢。自己沒走成，還埋怨人家。大臣一看風向不對，馬上調轉口風，紛紛表示放棄南遷主張。但崇禎不是不想南遷，只是他想代替太子南遷，於是又大罵「光時亨阻朕南行」，光時亨因極力反對南遷而成了倒楣鬼。

崇禎可能覺得這話說得太露骨了，顯得自己太想逃跑了，於是又回過頭對提議南遷的臣子說：「諸臣平日所言若何？今國家至此，無一忠臣義士為朝廷分憂，而謀乃若此！夫國君死社稷，乃古今之正，朕志已定，毋復多言。」說是「毋復多言」，其實崇禎只是想做做樣子，讓大臣極力進諫，這樣自己才能「盛情難卻」、順水推舟地定下南遷之事。可誰想，他這前後矛盾，一會遷一會死社稷的，弄得大臣摸不清風向了，遷也不是，不遷也不是，到底怎麼做你皇帝才滿意！既然風向不清，那乾脆閉嘴不談，於是這件事情就不了了之了。

南遷沒形成決議，崇禎的逃跑計畫沒能成功，此時李自成已經兵臨城下。

李自成沒有馬上攻城，而是派投降的太監杜勳進城，代表自己與崇禎皇帝談判。杜勳帶來了李自成的要求：封李自成為王，賜銀一百萬兩，承認陝西和山西為其封國。這樣的條件，對於已經內憂外患的崇禎帝應該是最好的條件了。

只要給李自成一個官方身分，馬上就可以解除起義軍對自己的威脅，同時又為自己抗擊滿清增強了力量。可是崇禎又犯了老毛病，他不想落個「偏安」的名聲。他希望找隻代罪羔羊，此時身邊的大臣魏藻德成為了崇禎的目標。

崇禎問魏藻德：「此議何如？今事已急，可一言決之。」那意思是：你說行，然後我同意，這事情就成了。但魏藻德不想背這個黑鍋，他選擇了沉默。於是崇禎再次發問：「此議何如？」魏藻德依舊「拒絕回答」。沒辦法，崇禎拉不下這個面子談議和，只得打發了杜勳。杜勳剛走，崇禎帝就拍桌子摔板凳，將魏藻德一把推倒，其氣憤程度可見一斑。

崇禎不僅無法承擔責任，很多時候也是「說得輕鬆，做得稀鬆」。崇禎十年四月大旱，祈了幾次雨都不見效果，此時崇禎下了一道〈罪己詔〉：

「張官設吏，原為治國安民。今出仕專為身謀，居官有同貿易。催錢糧先比火耗，完正額又欲羨餘。甚至已經蠲免，亦悖旨私徵；才議繕修，（輒）乘機自潤。或召買不給價值，或驛路詭名轎抬。或差派則賣富殊貧，或理讞則以直為枉。阿堵違心，則敲樸任意。囊橐既富，則好慝可容。撫按之薦劾失真，要津之毀譽倒置。又如勳戚不知厭足，縱貪橫了京畿。鄉宦滅棄防維，肆侵凌於閭里。納無賴為爪牙，受奸民之投獻。不肖官吏，畏勢而曲承。積惡衙蠹，生端而勾引。嗟此小民，誰能安枕！」

說了半天就兩個字：拿錢。他哪裡是責怪自己啊，分明是責怪這些當官的只顧自己發財，也不知道分一點給我這個皇帝。看得出來，崇禎對於官吏一心貪財十分氣憤。他還曾想過「搜括臣宰」以「助餉」和「救民」，因為當時崇禎最欠缺的就是錢。於是，崇禎經常吃著吃著飯，就覺得自己太奢侈了，要求給自己「減膳」；或在觀看宮女表演時，想到老百姓還處於水深火熱之中，便要求「停樂」。可是老天爺似乎不領這份情，雨、旱、蝗災一樣不少照方全來，這讓崇禎更是為錢所苦了，幾次三番地「罪己」，周而復始地勸戒官員富戶「慷慨解囊」，卻總是沒有實際成效。

事實往往具有諷刺意味。據《明季北略》記載：李自成進京之後，打開國庫時，被自己看到的一切驚呆了——「舊有鎮庫金積年不用者三千七百萬錠」，是啊，誰看到這麼一大堆銀子能不呆呢？但崇禎皇帝怎麼就「忘記」自己還有那麼多私房錢呢？在國難當頭之時，在號召他人「慷慨解囊」之時，為何不能做個榜樣，自己先拿出銀子賑災、助餉？可憐之人自有可恨之處，《明史》批評他「性多疑而任察，好剛而尚氣。任察則苛刻寡恩，尚氣則急遽失措」，其實崇禎的性格缺失正是他悲劇的主因。以後人的眼光看崇禎，會發現其實他曾經有過許多機會，他卻沒有珍惜，而上天也沒能給他再來一次的機會。

深入解析

做一個亡國之君是不幸的，做一個無力回天的亡國之君更是不幸。崇禎曾經很努力地想挽救即將坍塌的大明王朝，但他失敗了。失敗的原因有祖輩積留下來的歷史問題，但也不能忽視崇禎自身性格中的缺陷抵消了他曾經做的努力。

崇禎一朝，留給世人最光輝的記憶恐怕就是他苦心經營，終於剷除了大太監魏忠賢。在這個過程中，我們看到了一個堅忍、睿智的崇禎。無論是示弱保身，還是逐步剝奪魏忠賢的權勢，或是雷厲風行地實施抓捕，崇禎此時的一系列舉措都體現了他是一個高明的君主。但令人扼腕的是，崇禎仍然沒擺脫依賴、信任宦官的老路，最後更是聽信宦官的話，殺死了保護大明王朝的中流砥柱袁崇煥，進一步加速了明朝的滅亡。崇禎又回到了起點——哦，對不起，或者說他退步了（先前還痛恨宦官當政，而後卻又信任宦官）更適合。崇禎的失敗為我們昭示了一條生存法則：千萬別做戴著眼罩的驢！

電影中經常出現這句台詞，「如果上天再給我一次機會的話」。上天曾經給了崇禎這位想要重振大明王朝的皇帝很多機會。曾經，崇禎有機會和李自成議和；曾經，崇禎有機會把吳三桂調入關內抵擋李自成的軍隊；曾經，崇禎有機會籌集大筆的金錢以備軍需；曾經，崇禎有機會南遷而避免自己落入敵人手中；曾經，李自成在北京城下派來了和談的使者……曾經，太多的曾經，沒有一個能實現。而沒有實現的原因，在於崇禎總希望坐享其成，把責任丟給別人扛，崇禎太把自己當聰明人了。崇禎的「聰明誤事」向我們昭示了一條生存法則：**不要把別人當傻子**！

好人惡名的雍正

雍正皇帝愛新覺羅胤禛，清聖祖康熙皇帝第四個兒子，大清王朝入關後第三任統治者。雍正夾在功業顯赫的康熙和乾隆之間，一般都認為他只是承先啟後的過渡皇帝，但筆者認為，雍正在康乾盛世中處於不可或缺的位置。歷史選擇了他，他也交給了歷史一份滿意的答案卷。日本史學研究者佐伯治曾評價雍正：「康熙寬大、乾隆疏闊，若無雍正整飭，滿清恐早衰亡。」

雍正在位十三年，對清廷機構和吏治做了一系列改革。如為加強對西南少數民族的統治實行改土歸流，耗羨銀歸公、建立養廉銀制度等，出兵青海平定羅卜藏丹津叛亂，設立軍機處，創立祕密建儲制等。正是他對康熙晚年的積弊進行改革整頓，一掃頹風，使吏治清明、統治穩定、國庫充盈、人民負擔減輕。

這樣一位勵精圖治、致力於富國強民的皇帝，應該擔得上「好人」的評語。可就是這樣一個「好人」，卻只得到一世惡名，無論是生前還是死後。民間傳說，最集中的是他「改詔奪位」、「骨肉相殘」、「不得善終」三大惡名。

從登上皇位，就傳聞不斷，說他謀父、逼母、弒兄、屠弟、貪財、好殺、酗酒、淫色、懷疑忠臣、好諛任佞。民間關於雍正的死因流傳著各種說法，有說是被呂四娘（呂留良遺孤）謀刺死的；有說被宮女縊死的；有說服丹藥中毒而死或中風而亡；更有甚者說其是被曹雪芹和竺香玉合謀毒死。眾說紛紜的死因，其實正反映出雍正登基後面臨的現狀。

可一個公認的事實卻是：雍正是封建王朝中最為勤政的皇帝之一，在位十三年，國庫從接手時的所剩無幾到卸任時的國富民強，老百姓的安居樂業（雍正在位期間沒有一次大規模農民起義），極力整治吏治，建立健全的領導和監督體制。以後人的眼光來看，雍正的「惡名」正是來於自己的功績。

雍正即位後做的第一件事情就是清欠，也因此得了貪財的惡名。在康熙統治期間，解決了長達八年的吳三桂等三藩的分裂戰爭，收復了被鄭氏割據多年的臺灣，驅逐了占據今中國黑龍江地區的沙俄勢力，又出征蒙藏，平定準噶爾部蒙古貴族分裂勢力的動亂，這些仗打下來得耗費多少銀子？清朝經濟面臨著崩潰的危險：一方面叛亂此起彼伏，剿而不滅，用去大部分財政收入；另一方面朝廷內貪汙成風，大小官員多以「借款」為由，私自挪用國庫銀兩，這些「借款」竟高達上千萬之巨！借了錢又不還，造成國庫「虧空」。國庫裡沒有銀子，就得增加賦稅，從老百姓身上索取，索取到後來，康熙覺得老百姓太辛苦了，便於康熙五十一年（公元一七一二年）下旨「永不加賦」。國庫只存銀七八百萬兩，又不能「加賦」，這就是雍正接手時的財政狀況。

如果說打江山要靠槍桿子，治江山就得抓錢袋子，虧空不能不補。雍正為了維持大清帝國的運轉，把眼睛盯在了「虧空」上，要把官員欠國家的錢收回來。雍正決定從整頓吏制開始，錢糧虧空主要出在官吏貪汙上。

雍正說：「歷年戶部庫銀虧空數百萬兩，朕在藩邸，知之甚悉。」又說，「近日道府州縣虧空錢糧者正復不少」，「藩庫錢糧虧空，近來或多至數十萬」。

於是雍正下第一個法令，全面清查積空錢糧，要求各地嚴格執行，並責令所有虧空於三年內全部補齊，不許派於民間。康熙皇帝去世滿一個月時，雍正便下令全面清查虧空錢糧。不顧父親「屍骨未寒」，就要對康熙留下的積弊大動干戈，可見事態之緊迫。

在清欠執行上，雍正的做法很值得稱道。雍正從中央直屬機關內選派欽差大臣，同時又從各地抽調一大批候補州縣隨行。這個人選搭配很有意思。首先欽差大臣與地方的聯繫並不密切，而且就在皇帝身邊，對雍正清欠的決心和信心十分了解，即便是有些孝敬及往來，在這事關自己腦袋的問題上，他不會冒那麼大的風險給別人擔責任。同時又有一批候選官員隨行，對欽差大臣本身就是一種監督。要知道雍正給出的政策是：查出一個貪官汙吏，立即就地免職，從調查團裡選一個同級官員接任。

這些候補眼睛都望穿了，好不容易盼到一個出頭的機會，大家死盯著欽差大臣和受查官員，誰「和稀泥」，誰就是動了他的「頂戴」，這樣就能有效避免官官相護。同時，在古代官場有一個迴圈：上一任虧空，繼任者填補，離任的時候再虧空給下一任，所以虧空總是補不上。可這回繼任者就是來查帳的，還不趁機把前任的虧空帳抹平？再者，倘若他查不出虧空，就沒有繼任的可能。因此，從各種方面來說，去查帳的人都會努力地澈查到底。

雍正這一出手，動靜可真不小，用兩計「殺威棒」澈底粉碎了底下官員「走過場」的希望。首先查處主管財政的戶部有虧空，而且虧空達兩百五十萬兩，雍正責令戶部歷任尚書、侍郎、郎中、主事等官吏共同賠償。另外雍正自己的十二弟履郡王曾做過內務府主管，結果內務府也有虧空。當時全國上下都看著這件事情，如果這筆錢追不回來，清欠將就此不了了之。為了表示自己的決心，雍正向這位十二弟下了手，為了還錢，履郡王最後只好將家中器物當街變賣。雖然履郡王此舉有給雍正難堪的意思，但不管怎麼說，你還是要把錢還了，皇上至親尚且如此，還有哪個官員能夠賴帳。但雍正也因此落了個刻薄的惡名。

從履郡王的事件中，雍正看到了一個問題：官員虧空國庫不是一時虧空的，十幾年甚至幾十年的債一時難以還清。雍正元年（公元一七二三年）八月，雍正採納了通政司官員錢以塏的建議：抄家。虧空官員一經查出，將其家產查封，家人監控，追索已變賣的財物，杜絕其轉移、藏匿贓銀的可能。貪官的罪一經核實，就把他的家底抄個乾淨，連他們的親戚、兒孫的家也不放過。雍正下令：「絲毫看不得往日情面、眾從請託，務必嚴加議處。追到水盡山窮處，畢竟叫他子孫做個窮人，方符朕意。」此令一下，全國一片抄家聲，雍正也得了個「抄家皇帝」的封號，甚至連牌桌上都有了一種新打法：抄家和。

雍正四年，廣東道員李濱、福建道員陶範，均因虧空案畏罪自殺。想一死了之？沒那麼容易！雍正指出：「官職家財既不能保，不若以一死抵賴，留貲財產子孫之計。」跑了和尚跑不了廟，雍正下令，找他們的兒孫、親人算帳！

與此相同，廣東巡撫楊文乾、閩浙總督高其倬、福建巡撫毛文銓等，雍正都對犯官「嫡親子弟並家人等」嚴加審訊，最終「所有贓款著落追賠」。箇中詳情，《紅樓夢》背景中的江寧織造曹家就是著名的例子，這才有後來雍正被曹雪芹和竺香玉合謀毒死之說。在一場狂風暴雨般的專項整治中，虧空沒了，國庫殷實了，但雍正卻也落了個好殺的惡名。

在解決了「眼前這點事」的同時，雍正於公元一七二三年成立了獨立的核查審計機關——「會考府」，這為後來的整治吏治、反腐懲奸做好了準備。同時暗中安插密探，四處巡訪，即使是巷尾街頭的民間瑣事，他都能馬上知道。滿朝文武官員擔心禍及自身，為人處事都格外謹慎。另外，雍正還建立密折專奏制度，奏折由一種專用的特製皮匣傳遞。皮匣的鑰匙備有兩份，一把交給奏折人，一把由皇帝親自掌握，任何人都不得開啟，也不敢開啟，具有高度的私密性，故稱「密折」。這一下官員之間相互監督，並可直達聖聽，眾官員更是如履薄冰。

吏治由此得以清明，但雍正因此落下個懷疑忠臣的惡名，甚至民間流傳出雍正親自設計殺人工具——血滴子的傳說。

在這之後雍正又實行了攤丁入畝、耗羨歸公等政策。所謂攤丁入畝，就是按地畝多寡定納稅數目。地多者多納，地少者少納，無地者不納。這項措施有利於貧民而不利於官紳地主。耗羨歸公，更是把以前各級官員的銀兩以在兌換、熔鑄、保存、運解中有一定損耗為由，徵稅時有一定附加費的「小金庫」收歸中央財政。動了這些官員的錢袋。

清欠一事可以講「事關根本」，成功與否決定了清朝能否安定、安全，正因如此，雍正才大動干戈。但是由於他「不近人情」的高壓政策，深深得罪了各級官員。應該說這件事情是影響到雍正整體評價的關鍵因素，他犯的非「民怨」而是「官怒」。

雍正不僅僅得罪了當官的，更得罪了天下的讀書人。文字獄在雍正朝尤其嚴重，他因此落了個好諛任佞的惡名。其中最著名的就是曾靜案。雍正六年，儒生曾靜因受到明朝遺臣呂留良詩文的影響，意圖反清。讓他的徒弟張熙去找時任川陝總督的岳鐘琪，勸嶽反清，結果被岳鐘琪給舉報了，曾靜因此入獄。

這種謀反的罪名，在當時凌遲或者滅九族都是有可能的。但雍正只是下令將審訊曾靜的記錄成冊，在其中對民間不利於自己的謠言加以駁斥，起名為《大義覺迷錄》。殺曾靜對雍正而言是沒有意義的，雍正要藉這個機會重塑自己的形象。而曾靜也很配合，不僅自願到各地弘揚雍正皇帝的「聖德」，而且還寫了一篇〈歸仁說〉，表達自己誠心懺悔之意。

曾靜案實際上仍然是在給雍正潑髒水，在查抄出來的物品中，大部分都是宣傳雍正爭奪皇位的內容，說他如何謀父、逼母、弒兄、屠弟，以及貪財、好殺、淫色等。可見曾靜不是真的要謀反，而是針對雍正這個人。且從曾靜選擇的造反物品來看，他根本就沒期望造反會成功，岳鐘琪擊敗準噶爾兵、平定羅卜藏丹津叛亂，當時聖眷正隆，試想這樣的人怎麼會跟著曾靜造反？曾靜為什麼偏偏就閉著眼找上了他？筆者認為，曾靜正希望此事敗露，好造成轟動效應，使得自己那些資料得以廣泛流傳。曾靜造反看似失敗，但他事實上已經成功了，他在歷史上留下了自己的一筆，而且著實給雍正添加了一條罪狀，使雍正得罪了天下讀書人。這是一個倒槍刺，扎進去見紅，出來時還得加個血槽。

雍正得罪的這兩批人——官員和文人，實際上是老百姓的眼睛和舌頭，他們「看到的」和「所說的」，很快就被老百姓複製、傳播。因此，當有「政治目的」的人散播謠言的時候，這些做官的不會加以制止，甚至希望謠言傳得越廣越好，能把雍正趕下台最好，甚至有些人還會主動地去編造謠言。很多事情不是壞在最上面，也不是壞在最下面，而是壞在中間。雍正的醜惡形象在這些官員的「口誅筆伐」中，深深進入了老百姓的意識裡。

老百姓最津津樂道的就是：雍正即位的合法性。民間流傳著雍正將康熙遺詔由原來的「傳位十四子」改為「傳位于四子」。這顯然是不可能的，且不說遺詔至少有滿漢兩種文字，改得了漢文改不了滿文，以及無論傳給誰，總要寫上對方的名字，例如，傳位於四子愛新覺羅．胤禛，「十字」能改，那名字怎麼改？還有人說雍正是其母親德妃和年羹堯的私生子，改「康熙遺詔」之事是年羹堯做的。這事情就更荒唐了，年羹堯於康熙三十七年（公元一六九八年）中進士，進而走上仕途，此時胤禛已經二十一歲了。與合法性相關的還有很多傳說，例如，雍正逼康熙傳位給自己，說雍正逼死了自己的母親，殘害自己的親弟弟——撫遠大將軍十四爺愛新覺羅．胤☒。可以看出，雍正就是一個標靶，所有的髒水都往他身上潑。

說實話，筆者並不關心雍正即位是否具有合法性，作為歷史來看，筆者只關心他對歷史有什麼貢獻。這件事情有意思的地方就是：在封建社會，老百姓居然如此關心政治嗎？封建中國江山易主不是什麼新鮮事，老百姓才不管誰當皇帝，誰當皇帝日子都得照樣過下去。那為什麼當時有這麼多傳聞呢？

很顯然，當時雍正雖已當上皇帝，但自己的位置並不穩固，尤其爭奪皇位的人都還沒有死心。仔細分析這些傳聞，會發現它們都是有政治目的的。修改遺詔，只是為了宣傳雍正不具有「合法性」；「謀父、逼母、弒兄、屠弟」只是為了宣傳雍正「非君子」、不配當皇帝。而且這些宮廷祕聞，老百姓就是想編都不可能說得跟真的似的，說明這些事情不是始於民間。如果老百姓是聽來的，而且是聽雍正的政敵說來的，這種說法可信嗎？

雍正在位期間，自詡「以勤先天下」，不巡幸，不遊獵，日理政事，終年不息。僅以朱批奏折而言，雍正朝現存漢文奏折三萬五千多件、滿文奏折六千六百多件，共有四萬一千六百多件，平均每天批閱十件奏折。而且批覆都以紅砂朱批，說明並非找人代筆，有些奏折上的批語竟多達千字。著名作家二月河曾如此評價雍正：「康熙、唐太宗，還有秦始皇這些勤政君主，沒一個比得上他的。」可這樣一個「一心為公，以天下計」的皇帝，無論是在位時或過世後都留下了惡名。

雍正曾在年羹堯的奏折上批了一段流傳後世的君臣說：「凡人臣圖功易，成功難；成功易，守功難；守功易，終功難。為君者施恩易，當恩難；當恩易，保恩難；保恩易，全恩難。若倚功造過，必至返恩為仇，此從來人情常有者。」

實際上這對雍正又何嘗不是呢？他一心想造福於民，卻層層受阻，雖然取得了不少功績，卻免不了為當世和後世所惡。套用他自己的話，正所謂「行事易、成事難；成事易、守事難；成名易、保名難；保名易、全名難」。

深入解析

雍正在位僅十三年，個人卻認為他是對整個大清王朝作出最大貢獻的皇帝。但這樣一個兢兢業業、一心為公的好皇帝，在位時以及身後若干年卻備受爭議，實在令人惋惜。

雍正的成功，首先在於他摒棄了人情的束縛。在封建官場，所謂的處世哲學，其實就是一部人情學。這類學問雖然讓一部分人在複雜的鬥爭之中得以明哲保身，卻讓很多人失去了在歷史上留下自己名字的機會。以結果看行為，雍正做的每件事情都是為了國家社稷，為了黎民百姓。雖然在世時已經背負罵名，雖然他知道已經無力將自己在百姓的口中和文人的筆下的形象，但他依然努力地工作著，為了天下而不斷得罪那些不得不得罪的人。

可喜的是，歷史是公正的，近年來隨著相關史料的逐步公開，對雍正的評價正在發生改變，世人逐步改變對他的認識，甚至開始為其「平反」，有很多人已經喜歡上他。雍正在後世所得到的認同向我們昭示了一條生存法則：**你不可能讓所有人都喜歡你！**

為什麼雍正一心為天下卻不能得到當時人民的認同和理解？為什麼如此勤政的皇帝在百姓眼中卻是個不仁不孝的人？為什麼雍正做了那麼多實事、好事不被民眾銘記，那些「花花新聞」卻總是讓人津津樂道？原來，為了國家，雍正得罪了當時國家的大腦和口舌——官員和文人，正是他們決定了雍正將以什麼樣的形象展示在世人面前。雍正的好心沒有好形象，為我們昭示了一條生存法則：你的形象取決於評價者如何評價！

闖王皇帝李自成

「把這些宮殿全都給我燒了！」他無奈地下令。他非常不願意下這個命令，因為他本是勝利者。他已經把前朝的皇帝逼得上了吊！他已經收服了前朝百官甚至太子！更何況，四十二天前他才在眾人的前呼後擁下，在承天門挽弓搭箭，一箭射穿那寫著「奉天承運」的門匾！他是闖王李自成。

李自成本不應僅僅是「闖王」，在其領導下的農民起義軍，建立了大順朝，而且成功地攻占了大明王朝的首都。李自成是大順朝的開創者，應該和宋太祖趙匡胤、明太祖朱元璋一樣，被後世稱為順太祖李自成！但在世人的記憶中，他只是「闖王」，只是那個曾經打下了北京城，結果僅四十二天後就倉皇出逃，最終命喪他鄉的「闖王」！

李自成被後世評價為「明末農民起義領袖」，天將降大任於斯人，可這個前奏不是很恢弘。李自成的出身在史學界有一定的爭論，有的說其家境貧寒，有的說其家境富裕，不過這不是本文重點，考證的問題還是留給學者去做吧。

就先從李自成失業說起吧。李自成在父親過世後，接下父親的工作，到驛站做驛卒。明思宗在崇禎元年（公元一六二八年）對驛站進行了改革，在這次改革中，全國有三分之一的驛站被裁撤。李自成就這樣在「體制變革」中失業回家了。李自成向來樂於助人。一年大旱，鄉親繳不起稅金，李自成出面擔保，向舉人艾詔借了銀兩繳稅。結果因為鄉親沒有把銀子按時歸還，艾詔一狀將李自成告到縣衙。縣令將他「械而遊於市，將置至死」。所幸李自成後來被鄉親和親友營救出來了。李自成有仇必報，出來後就去找艾詔報仇，殺了對方。人倒楣，喝口水都能喝出胃下垂，李自成發現妻子與人通姦，結果他又殺了妻子。這下他就身負兩條人命了，沒辦法，跑路吧！就這樣，李自成跑去當兵了。

結果這兵當沒多久，他又因銀餉問題殺了上司和當地縣令，這下事情鬧大了，於是發動兵變起義。經過這幾件事情，李自成從大明王朝的順民成為要推翻明朝的起義軍的一分子。是的，只是一分子，那時他還不是闖王，他只是明末眾多農民起義軍中一小支的頭領。但像這樣一位日後成為領袖的人物，其鋒芒是不會被輕易掩蓋的。崇禎八年，各路起義軍在滎陽召開大會，李自成提出了「分兵定向」的方案，受到各部首領的贊同，聲望日高。在具體分工合作後，李自成選擇跟隨闖王高迎祥。第二年，闖王高迎祥在一次戰鬥中犧牲了，李自成順理成章地當上了頭領，繼承了「闖王」的稱號。

李自成的「闖王」之路，雖然入局的有些偶然，是因身負人命而被迫起義，但入局後的卡位就不簡單了。所謂「卡位」，就是在一個有發展潛力的組織中，找到適合自己的位置，然後卡住這個位置，自身因組織的發展而得到發展。李自成之所以能接替高迎祥的王位，就在於他卡住了位置。如何卡位？憑藉自己的成績。他提出的「分兵定向」能夠得到其他起義將領的認同，這本身就足以讓人刮目相看了，他也可以藉此拉開與其他競爭者的距離。但要形成卡位效應，有幾件事情需要做好。

第一，要選擇一個有足夠發展空間的位置。卡位本身並不是目的，卡位的目的是讓平台發展帶動個人發展。如果已經沒有自己的位置和空間，卡在那裡也只能釘住。明朝早已腐朽不堪，如果李自成依然在驛站卡位，老死也就是個驛卒。各地起義風起雲湧，推翻這個政權是遲早的事情，作為當時各支起義軍中實力較強的闖王部，前途自然遠大。

第二，要堅持住。自己發展的腳步小一些都沒問題，關鍵是大目標不變——保持自己的位置不變。在這樣的指導思想下，目標會更明確，壓力也不會太大。李自成並不急於馬上得到提升，或者拉下高迎祥取而代之，相反，他甘心於高手下做事，因為他需要聲望和實力的積累，日後才能使眾人追隨服從。

第三，要注意保持距離。當有競爭產生時，需拉開自己和競爭對手的距離，即便不能拉開，至少也要避免被超越。當然，保命最重要。不管怎麼競爭，首先要保證別犯致命錯誤，別還沒就位或剛就位就讓人給謀殺了。

李自成在成為闖王後，面臨了被剿殺的危機。李自成接過了「闖王」的槍，成為西北農民軍的首領，當然也就成為明朝當局追殺的主要對象。崇禎十年，他與明軍悍將孫傳庭激戰七天七夜，在遭敵東西夾擊的情況下，他率領部眾殺出重圍，長驅入川。崇禎十一年，在川北遭到了明軍的伏擊，傷亡慘重。李自成準備帶兵打出潼關，東進到河南，結果卻兵敗於潼關。在潼關，李自成軍陷入了明軍的包圍圈。經過幾晝夜的血戰，傷亡數萬人馬。他僅率劉宗敏等十餘人殺出重圍，逃往川陝楚的交界，暫時隱匿蹤跡。

「劉宗敏」這個名字，大家先記住，在後面就是這個人讓李自成走上了不歸路。英雄不會就此甘於落寞，他在等待機會東山再起。而這樣的機會沒有讓他等太久。

崇禎十二年，另一支起義軍將領張獻忠，在穀城降明後復叛。李自成聞此消息後，馬上帶著僅有的人馬趕去支援。雖後被圍在四川魚腹山，但李自成帶兵突圍，越湖北入河南，會合了河南農民軍。崇禎十四年，李自成率軍攻破了洛陽。這次誤打誤撞的突圍，讓李自成遇到了最好的發展時機！

李自成軍在河南攻掠，最大目標自然是洛陽的福王朱常洵。此人乃明神宗第三子，萬曆二十九年，明神宗封此愛子為福王，婚費達三十萬金，在洛陽修蓋壯麗王府，超出一般王府十倍的花費。除了有錢，福王更有地，神宗皇帝一次就賜田四萬多頃。李自成帶兵攻破洛陽後，抄獲王府、富室存糧數萬石、金銀數十萬。李自成將錢糧土地分給老百姓，使得自己深得民心，隊伍得到了空前的發展，迅速壯大到一百多萬人。此時再回過頭去看崇禎十一年時，李自成之所以要打出潼關進河南，恐怕是早已看準了這個結果。

不管是起義軍還是朝廷軍，大家都要錢糧，沒有錢糧就不可能成事。河南百姓雖不富裕，但他們有個財神爺——福王朱常洵，得河南就等於得到了這筆財富。河南地處平原，糧食產量巨大，且農民數量極多，拿下河南，就要糧有糧、要人有人。因此，李自成幾次三番、不顧一切地進入河南，相信也是預料到了這樣的結果。他的堅持沒有白費，他實現了這一策略目標。從只有十幾人遁跡山中，到發展隊伍百萬之巨，足見李自成超常的能力和洞察力，此外，比這些更讓他接近成功的，是他的政治頭腦。

崇禎十五年，李自成率部四十萬南下湖廣，只用了三個月，便把長江之北的襄陽、荊州、承天、漢陽、德安、黃州等府通通攻陷。李自成改襄陽為襄京，設奉天倡義營文武大元帥府，自任大元帥，並於河南、湖廣占領區設置地方政權。李自成聰明的地方在於沒有稱帝，而是自任大元帥。試想，如果他自立為帝，那他的敵人就不僅僅是明朝皇室，所有的起義軍都會視他為敵人，因為大家共同逐鹿天下，誰都想坐上皇帝的寶座，任何稱帝的人都是自己的敵人。李自成不稱帝，而是先積累實力，等到翅膀硬了再飛，到那時想不做皇帝都難。與李自成相比，張獻忠就太性急了，才剛打下武昌，就建立起一個中央政權。結果卻是來得快也去得快，茲不贅述。

一方面，李自成發布「三年不征，一民不殺」的安民口號，以牢固自己的根基。另一方面，也是更重要的，李自成要把隊伍變成自己的隊伍。雖然當時的軍隊號稱有百萬之巨，但成分複雜。有新近農民參軍的，有受降的，也有其他起義軍投奔自己的。這樣一支隊伍，如果不能統屬一心，也不過是烏合之眾。李自成首先要做的就是建立自己的絕對權威。

當時李自成軍隊中主要有三股勢力。撇除李自成的嫡系，分別是羅汝才及賀一龍。羅汝才是最早的陝北農民領袖之一，實力較強。原本他跟著張獻忠打天下，後兩人不和翻臉，羅汝才便與李自成合營。羅汝才的貢獻是很大的，李自成自封「奉天倡義營文武大元帥」時，給羅汝才封了一個「代天撫民德威大將軍」，這是第二把交椅的位置。賀一龍原本在安徽活動，基本上是獨立作戰的。後見李自成在河南打得不錯，便來河南與他聯手。

這三夥人並不是同心的，各有各的算盤，不過是暫時的利益讓彼此結合到一起。一旦有個風吹草動，最先動手打自己的可能就是這兩人，李自成決定先下手為強。他設了一場鴻門宴，邀請二人共同敘事，賀一龍應邀而往，被伏兵亂刀砍死；羅汝才雖然沒去，但也被李自成殺於臥室。肅除異己，鞏固了自己的位置，李自成有了爭奪天下的實力，他開始走向自己的輝煌時刻了。

一路下來，李自成勢如破竹。先是與孫傳庭大戰，李自成故意示弱誘敵深入，後截斷其糧道，大破明軍。孫傳庭部隊被殺四萬多人，損失甲仗馬騾數十萬，後僅率數千人北渡黃河，繞道山西垣曲縣至潼關。可潼關這次沒能阻擋李自成，李自成大破潼關，緊接著下臨潼，兵指西安城，殺秦王；攻克蘭州，殺肅王；其他各路人馬也分別攻占甘州、西寧等重鎮。至此，李自成在長江之北，已占半壁江山。軍事實力上他占有絕對優勢。該是稱帝的時候了。崇禎十七年正月初一，李自成在西安正式登基稱帝。國號大順，改元永昌，改西安為長安，稱西京。

崇禎十七年正月初八日，李自成統率主力，由西安出發開始東征，直殺北京。一路之上，所遇抵抗很少，到三月十七日，李自成已經來到北京城外。三月十八日，太監曹化淳打開彰儀門，向農民軍投降。同一日，崇禎皇帝又下了一道〈罪己詔〉。在得知外城失守的消息後，崇禎逼皇后和貴妃自殺，手刃親生女兒長平公主、昭仁公主等，而後走上煤山自縊。三月十九日，李自成在眾人的簇擁下從德勝門進城。在承天門，李自成挽弓搭箭，射穿了寫著「奉天承運」的門匾，宣示了明朝的澈底覆滅。而後李自成進駐北京城。

在李自成一行人進宮時，明朝最後一個太子朱慈烺伏地不起，跪迎李自成。李自成命人扶起。後不久又搜得崇禎的其他兩個兒子永王、定王。李自成安慰他們道：「今日即同我子，不失富貴！」李自成為什麼不殺他們，還要將他們當兒子對待，保他們榮華富貴？

李自成雖然草莽出身，卻能很冷靜地分析環境。例如，當年他就分析出農民與統治階級的矛盾，注意並籠絡百姓。他規定軍隊：行軍不住民房，自帶帳篷宿營；損壞莊稼，嚴厲處罰；公平交易，平買平賣，不濫殺人，不姦淫婦女。《搜聞續筆》中記載了李自成曾發布告示：「殺一人如殺我父，淫一人如淫我母。」李自成提出「均田免賦」的口號，把土地分給農民，並取消明朝的賦稅剝削。正因如此，李自成的軍隊數量才會在幾年間呈現幾何成長。這一次李自成不殺太子，自然也有他的打算。

雖然攻占了北京城，但當時中國還不完全是他李自成所有，明朝的殘餘勢力仍在。另外，雖然掌握了政權，但李自成只會打仗，不熟悉治理國家。就算他懂，也需要很多人來輔佐他。為了招降殘餘勢力以及籠絡前朝舊臣，李自成很聰明地打起了太子這張牌。這有點曹操當年「挾天子以令諸侯」的意思，不同的是李自成此番是以太子做榜樣：前朝太子都投降於我了，其他人還有守護大明的必要嗎？我連前朝太子都容下了，豈有容不下前朝舊臣的道理？事實證明，李自成的決定沒有錯。

在京的明朝官員「衣冠介胄，叛降如雲」，官員爭先恐後地前往大順政權吏政府報名請求錄用，甚至有人說：「大丈夫名節既不全，當立蓋世功名如管仲、魏徵可也。」他們也真敢比，居然拿魏徵說事，那意思是：魏徵當年不也是被李世民俘虜，後歸順了唐太宗，一樣成為一代名臣。只是這些招降的舊臣並沒有得到李自成的重視，相反，他十分鄙視和厭惡這些降臣。他曾對手下說：

「此輩無義如此，天下安得不亂？」但有一人李自成不能忽視，此人就是吳三桂。

鎮守山海關的吳三桂手握重兵，治軍有方，勇冠三軍。年輕時曾親率幾十名親兵，在皇太極的重兵之下解救自己的父親，令皇太極十分讚賞。後吳三桂代替其父當了山海關總兵，屢敗皇太極和多爾袞，使清兵難越雷池一步。這樣一員虎將，李自成自然知道其分量。得此人歸順，不僅少一個勁敵，同時又為自己抵禦清兵添了一道有力屏障。

李自成在進京之前，崇禎已經指示吳三桂棄寧遠回援京師。結果走到半路上就聽說李自成已經占領了北京城，吳三桂陷入了兩難境地。此時李自成頭腦很清楚，入京後即派人持檄招撫吳三桂，表示他歸大順後「不失封侯之位」。有了這句話，吳三桂動心了。吳三桂繼續向北京前進，並告知沿路百姓：「本鎮率所部朝見新王，所過當秋毫無犯，士民不必驚恐。」吳三桂準備投降了。這個時候，李自成命中注定的「催命鬼」劉宗敏再次登場。

李自成進入北京後，命劉宗敏主管派餉和收編前朝舊臣的工作。劉宗敏準備好了五千副夾棍。此類夾棍，十分厲害，夾人無不骨碎。因此，劉宗敏一上任，就哀鴻遍野，倒楣蛋裡就包括了吳三桂的父親。同時，吳三桂的愛妾陳圓圓也被劉宗敏給玷汙了。於是，吳三桂「衝冠一怒為紅顏」。

筆者認為吳三桂單純「衝冠一怒為紅顏」的可能性並不大，如果僅僅為這個，當年崇禎把他的父親和妾室接到北京做人質的時候，他早就發作了。當時沒發作而現在發作，是因為他真的傷了心。聽了新主子許諾自己「不失封侯之位」，心裡樂不可支，以為李自成多重視自己。結果呢，人家根本沒把自己當回事，連自己的父親和女人都敢動，吳三桂就是再傻也能想明白，自己一旦到了北京，被人家解了兵權，會是怎樣一番境遇。反過來看李自成，雖然禍是劉宗敏闖的，但他也有做得不到位的地方。

既然已經知道吳三桂重要，而且有心拉攏人家，為什麼不把事情考慮周全些？如果他能在第一時間就將吳三桂的父親和妾室保護或禮遇起來，劉宗敏也就沒有機會闖這個禍。要知道，在吳三桂沒有到達北京之前，任何一個細微變故都可以改變吳三桂本就不堅定的想法，因此，對待吳三桂的問題不是一件小事。李自成沒有考慮到這些，所以釀成大禍。再說，即便事情發生了，也不見得沒有轉圜的餘地。吳三桂並不是真的心疼父親和女人，他只是擔心自己將來會受到什麼樣的待遇。若李自成能夠馬上將劉宗敏抓起來，哪怕只是做做樣子訓斥一頓，也能稍稍安撫吳三桂。可惜的是，李自成沒有這樣做。於是吳三桂生氣了，與李自成撕破臉。吳三桂造反了，這對造反起家的李自成來說自然是不能接受的，他決定帶兵親征山海關，誰知此一去竟斷送了李自成的帝王夢。

李自成帶領二十萬大軍前往山海關攻打吳三桂，儘管這些士兵根本不願意離開繁華的北京城。身經百戰的李自成沒有將吳三桂放在眼裡，在他的印象中，吳三桂只不過是一員猛將，手下僅有數萬兵而已。但李自成錯了！吳三桂的兵雖少，卻是真正有戰鬥力的精兵！

在李自成的眼中，明軍沒有戰鬥力，他一路向北京而來，幾乎是兵不血刃。太原城下，明軍勉強支撐兩天，便打開城門投降了；抵大同，大同總兵姜瓖投降；抵宣府，總兵王承胤開門投降；抵居庸關，守將唐通和監軍太監杜之秩投降。這一路上李自成幾乎沒有遇過真正的抵抗。在《甲申傳信錄》有這樣一段記錄：李自成攻北京，明朝守北京的大營兵四十餘萬，部將數以千計，「臨敵力戰，死於疆事者僅二人而已。嘻！」四十多萬明軍中，真正因戰鬥而死的只有兩個人。因此，李自成認為明朝軍隊沒有戰鬥力，也就是很正常的事情了。

但吳三桂的軍隊不是，這是一支駐守邊關的軍隊，這是一支與皇太極、多爾袞率領的清朝軍隊戰鬥多年的軍隊，這是一支將清朝軍隊拒之門外的軍隊，這樣的軍隊不可能沒有戰鬥力。雙方剛一交手，李自成就知道自己的評估有誤。自己的大隊人馬與吳三桂的幾萬兵馬戰得難分難解，沒有自己想像中的一面倒。

李自成還鑄下一個大錯，他以為吳三桂是一個人在戰鬥。李自成的人馬多，山海關的戰鬥持續一段時間後，吳三桂的人馬已經逐漸處於下風了，可就在這時，一支——不，是一大支辮子軍從後面掩殺過來，清朝的軍隊來了！清軍怎麼會半路殺出？

吳三桂與李自成撕破臉後，他知道僅憑自己的兵力無法對抗李自成的百萬大軍，所以他以大明朝孤臣義士的身分向滿清「借兵復仇」。清朝軍隊早就想進關殺入中原，但苦無機會。此次吳三桂先是奉崇禎命放棄寧遠，已經讓多爾袞笑開了懷。沒想到，吳三桂居然為了造反李自成向自己求援，多爾袞牙都快笑掉了。

山海關之戰意義重大，多爾袞是以傾國之力參與的，為的就是一擊斃命。但多爾袞並沒有馬上答應吳三桂的請求，只是將兵力囤積在山海關附近。吳三桂與李自成雙方人馬開戰後，多爾袞也是一直按兵不動，直到吳三桂逐漸不支，不得已答應了他全部要求後，多爾袞才命大軍全線壓上。這一來，來的是超過李自成軍隊好幾倍的、驍勇善戰的滿清騎兵！李自成最錯的地方就在這，敵人的敵人就是朋友，他把吳三桂逼得和另外一個敵人——清朝團結起來了，而他在出戰之前根本就沒有把清朝算計在內。

結果不言自明，李自成山海關大敗！這不是普通的一敗，而是決定生死的一敗。大敗後的李自成回到北京城，本想重整旗鼓再戰山海關，卻發現自己的軍隊已經分崩離析了。李自成率領殘兵逃回北京時，大軍僅剩幾千騎兵，步兵全部在山海關及沿途被殺。這次敗兵入城後，城內大順兵皆知末日將至，完全喪失紀律，開始在北京城內擄掠。此時，剛剛招降的十幾萬明朝政府軍立即拋棄了他，這很正常，這支隊伍本就不是李自成的嫡系，更何況幾個月前還是李自成的敵人，此時敵人落難，還能指望他們共甘苦嗎？其他舊部更不用說，本就是離心離德，更何況當年李自成肅清異己時的殘酷手段。風向順的時候還看不出什麼，一旦風向變了，這些牆頭草肯定也要隨之轉舵了。

此時再去反思李自成的一些做法，就要慨嘆其急進了。收降而不整頓，不過是名義上的變化，不過是服裝上的變化，那些並不是自己的軍隊。一個人有野心並不可怕，可怕的是沒有與野心相應的實力。李自成沒有做好充分的準備，沒有等待成熟的條件。如果李自成不馬上攻打吳三桂，而是整肅軍隊，做好各方面關係的調和與融合，就會有真正的實力，而不只是所謂「百萬」的數字美景。

山海關一敗對李自成造成了致命打擊。李自成於崇禎十七年四月二十九日草草登基，儀式剛結束，他便下令焚燒宮殿和各門城樓，全線撤退。這一次潰敗，李自成沒能像以前一樣爬起來。李自成的死因一直為後世所爭論。就連清朝修撰的《明史．李自成傳》也沒有弄清楚其殉難經過。關於李自成的死因有很多種說法，自縊說、戰死說、誤死說、鬥死說、病死說等，眾說紛紜。

總之他走了，而且走得很淒涼！從崇禎十年成為闖王，到崇禎十七年退出歷史舞台，僅七年多的時間，這期間他經歷了死裡逃生，也經歷了率百萬之眾推翻明朝的輝煌，曾為流寇，也為大順國君，幾起幾落，正如黃炎培先生所言：「其興也勃焉，其亡也忽焉。」令人驚嘆！

深入解析

從無業遊民到殺人犯，再到起義軍將領、開創大順朝，直至兵敗山海關，李自成的一生不能不說是傳奇。他的成功與失敗帶給我們什麼樣的啟示？

先說說成功吧。李自成的成功路上有幾個關鍵點：投靠闖王高迎祥——成為闖王——攻破洛陽——肅除異己——攻占北京。回頭去看，這是一條清晰的主線，但對當時的李自成而言，一切都是自然發生的，他只不過是順應時勢做了該做的事，值得注意的是：他在服從大策略的目標下進行選擇。攻破洛陽是為了擴充實力，肅除異己是為了將部隊統屬一心。每一件事情都可能在其中出差錯，但總體上朝著同一個方向做努力。

另外一個值得注意的地方是：李自成並不是一下子將所有規劃好所有策略目標，他是在特定的目標實現後才開始制定下一策略的。為策略做事，根據策略實施進度制訂計畫，李自成的成功昭示了一條生存法則：**在結果目標的引導下，一步一步向前走！**

經過多年的疆場拚殺，李自成終於實現了他的終極目標：打進北京城推翻明朝，此時的他有理由傲視天下。是的，他打下了北京城，逼死了前朝皇帝，收服了前朝太子及百官。因此，當他帶領著二十萬大軍前往山海關攻打吳三桂時，他一定躊躇滿志，一定把此行當成一次檢視全國的預演。但從他踏上征途起，他的噩夢也就開始了。

其實，山海關一戰是李自成一生中為數不多的敗戰，但這一次失敗卻使他沒能再站起來，因此，這次失敗的原因很值得研究。查找一下可以發現以下幾點：吳三桂先降後反，因為李自成打從心底輕視他；認為吳三桂的軍隊不堪一擊，這是李自成從以往明軍沒有戰鬥力的經驗進行的錯誤判斷；認為自己只是和吳三桂交戰，因為李自成此時已經沒有興趣再去做戰前準備；部隊兵敗如山倒分崩離析，由於李自成以為自己已坐擁天下，而忽略了隊伍建設。看完上述分析，我們知道失敗是從李自成那顆被勝利膨脹的心開始的。李自成的結局昭示了一條生存法則：**驕兵必敗**！

布衣賢相話王猛

「去了？真的就如此去了？」苻堅不敢相信這是事實，或者說他不願意相信這是事實。「想你生病之時，我親自為你祈禱，並派大臣遍祈名山大川。前段時間你的病情有所好轉，我大赦天下。可如今你還是去了！」苻堅親臨弔唁，看著昔日的得力助手屍體入斂的時候，為之失聲痛哭，並先後三次走到棺木前端詳曾經熟悉得不能再熟悉的面孔。「看看吧，以後沒有機會了。」然後苻堅下旨，按漢朝安葬大司馬大將軍霍光那樣的最高級別，隆重地安葬了他，並追諡為「武侯」。他就是王猛。

王猛由中書侍郎走入仕途，先後任丞相、中書監、尚書令、太子太傅、司隸校尉，特進、常侍、持節、將軍、侯如故。並被苻堅授以一切軍國內外大事的裁奪之權，死後被追諡為「武侯」。苻堅對王猛更是讚賞有加，自謂如劉玄德之遇諸葛孔明，後又讚譽其如姜子牙、管仲等先朝明臣。後來，王猛升至三公之位，苻堅還要加給他位居三公之上的錄尚書事。苻堅常對太子、長樂公丕等說：「汝事王公，如事我也。」讓自己的兒子如對待父親一樣對待王猛。

王猛去世後，舉國上下哀聲遍野，三日不絕。看似仕途坦蕩，但王猛年輕時其實只是一介布衣，以賣畚箕為生。雖然出身貧苦，王猛卻心存大志。他手不釋卷，努力學習，並留心時政，即使經常遭受他人白眼，也完全不予理會。王猛第一次展現在歷史面前，便是著名的「捫虱談天下」。

苻洪為氐族酋長，後自立為王，不久就被部將毒死。其子苻健遵囑率眾西歸，於公元三五一年占領關中，建都長安，稱天王、大單于，國號秦，次年稱帝。三五四年，東晉荊州鎮將桓溫北伐，擊敗苻健，駐軍灞上。王猛聽說這件事情後，便去求見桓溫。桓溫請王猛談談對時局的看法，王猛在其大營上一面捉蝨子，一面縱論天下，滔滔不絕，旁若無人。桓溫問道：「吾奉天子之命，率銳師十萬，仗義討逆，為百姓除殘賊，而三秦豪傑未有至者何也？」這個問題一直困惑著他：自己率天兵行天道討伐逆臣賊子，但為何不見人才願意來為自己效勞？王猛笑答：「公不遠數千里，深入寇境，長安咫尺而不渡灞水，百姓未見公心故也，所以不至。」桓溫千里討逆，長安城眼看可以拿下了，但卻不渡過灞水去把它拿下。他之所以不過河，是害怕失去了自己的位置。過了河就是生死決戰，戰勝了，自己的部隊也會損兵折將，有實力的人就沒有了；如果戰敗了，自己更是沒什麼好果子吃。王猛點出了事情的根本：你不進軍，人才來你這裡也得不到重用和展示能力的機會，又怎麼會來呢？桓溫沉吟半晌，才慢慢說：「江東無卿比也！」讚譽江東無人比王猛更有才幹。

後來，桓溫準備退兵，他賜給王猛車馬，又授其掌管邊地軍政和少數民族事務，想邀請王猛跟隨自己，王猛有些猶豫。「良禽擇木而棲，賢臣擇主而從。」一個人的發展離不開一個好的平台，如果沒有好的平台，再怎麼占位，也只能是釘死在那裡。桓溫肯定不是好平台，為什麼？先前王猛在桓溫問自己為什麼沒有人才投靠他時，曾在話語中點出——你不思進取，跟著你沒前途。現在桓溫選擇了退兵，就更沒有展示機會了，跟著他王猛又怎麼會有出息呢？王猛看桓溫最後選擇了退兵，認為自己跟著他不會有大的作為，於是託辭說回去請示一下老師，借個道便跑了。關於王猛的老師是何人，史書上沒有記載，但王猛如何拜師卻有故事。

前面提過，王猛以前是賣畚箕的。一次王猛在洛陽賣畚箕，有個人過來說要買，而且願意出高於市價十倍的價錢買。有大買賣，王猛當然高興，喜不自勝地跟著他去了。走了很遠，爬上一座大山，才到了客戶的家。到了後只見一個仙風道骨的長者坐在床上，周圍很多人在聽他講道。長者看見王猛，打量了一會，然後讓人給他錢。王猛接過錢就下山了。回去的路上，王猛才發現此山是中嶽嵩山。當時嵩山是有名的道教聖地。王猛開始細想整件事情，長者為什麼大老遠的買自己的畚箕？為什麼要花那麼高的價錢買自己的畚箕？會不會是特意引自己到此？給高價錢是害怕自己不來？如果是想讓自己來此，目的是什麼？自己今日遭遇怎麼與張良當年遇到黃石公的事如此相像？想到這裡，王猛馬上跑回嵩山還錢，也因此成就了一段師徒緣分。

「反常即為妖」，所謂「妖」者，實為「怪」也。王猛窮困之時，依然能認知到有人花十倍價錢買他的畚箕是奇怪的事情，這點看出其過人之處。試問，如果王猛貪圖十倍之利，得錢而回走，恐怕也就沒有這段師徒緣分了。不過此事在正史上沒有記載，稗官野史不一定是史實，但故事本身還是有意義的。

王猛選擇的明主是苻堅。苻堅，是十六國時期傑出的政治家。公元三五五年，苻健去世。繼位的苻生殘忍酷虐，以殺人為兒戲，史書上記載當時「群臣得保一日，如度十年」，其昏暴程度可見一斑。此時，苻健之侄苻堅憂心如焚，擔心重蹈先朝滅亡覆轍，決定除掉苻生。當他向尚書呂婆樓請教除去苻生之計時，呂婆樓說：「我手下有個叫王猛的人，這個人很有謀略，想成大事，殿下可以找他幫忙。」王猛、苻堅這對歷史上著名的君臣搭擋就這樣展開第一次接觸了。

一見面，兩人話語投機，據《資治通鑑》記載，苻堅覺得遇見王猛就如同「玄德之遇孔明也」，便把王猛留在身邊為己所用。公元三五七年，苻堅一舉誅滅了苻生及其幫兇，自立為大秦天王，改元永興，以王猛為中書侍郎，職掌軍國機密。

王猛上任伊始，明法嚴刑，禁暴除奸，一時間反對的聲音很多。苻堅便將王猛給抓了，並親自提審。苻堅說：「為政之體，德化為先，蒞任未幾而殺戮無數，何其酷也！」苻堅說得沒錯，治理國家應該以理服人，以德化育天下，哪有剛上任沒幾天就殺那麼多人的？但王猛卻有不同意見。他說：「臣聞宰寧國以禮，治亂邦以法。」王猛相信：治安定之國可以用禮，理混亂之邦必須用法的道理，他也按這一理念行事。

公元三五九年，王猛調任侍中、中書令、兼京兆尹。剛剛上任，便接手一件棘手案子。皇太后的弟弟強德，酗酒行兇、搶男霸女為禍一方。此時王猛剛剛進入權力中心，深知「雜草不除，良苗不秀；亂暴不禁，善政不行」的道理，決心拿強德開刀，推行新政。王猛將強德捉拿歸案，來不及稟報就斬首了，等到使者拿著苻堅因太后說情下的赦免書匆匆趕到時，強德早已「陳屍於市」了！王猛此舉看似莽撞，實際上正是智慧所在。

苻堅是明君嗎？肯定是的，至少在王猛眼中是！否則王猛不會與其句句投機，更不會千里投君效力。既然是明君，憑王猛對苻堅的了解，王猛知道苻堅也無法容忍強德這樣的行為，只不過礙於他是自己舅舅，只能裝糊塗。因此，王猛抓強德，實際上是做了苻堅想做而不能做的事情。抓了就抓了，為何要先斬後奏？因為一上奏，就把難題又踢回給了苻堅。如果稟報後，苻堅能下旨將強德斬首，這事情早就辦了，何必等到現在？因為太后的緣故，苻堅奈何不了強德。王猛知道，不問自斬雖然不合規矩，但一定合苻堅的心思。這件事情上順皇意下順民心，就不會有兇險，因此王猛下了殺手。

這件事從事後看，並沒有給王猛帶來負面影響，反而使苻堅更加重用他，據《晉書．苻堅載記》：「親寵愈密，朝政莫不由之。」在苻堅的支持下，王猛法治政策全面推行，並取得了極大的成功。據《晉書》記載，治理後「百僚震肅、豪右屏氣、路不拾遺、風化大行。」苻堅對此慨嘆道：「吾今始知天下之有法也，天子之為尊也。」

王猛能於任事且忠誠於自己，沒有皇帝會不喜歡這樣的臣子。王猛先後加任吏部尚書、太子詹事、輔國將軍、騎都尉居。一年中五次升遷，榮寵無比，權傾內外。後苻堅加任王猛都督中外諸軍事，王猛覺得自己風頭太勁，幾次請辭。但苻堅並不同意，並說：「朕方混一四海，非卿誰可委者？卿之不得辭宰相，猶朕不得辭天下也！」你不能辭宰相職，就如同我不能辭去天下一樣！反過來理解，就是你再辭職，就是認為我這個皇帝不稱職，想讓我趕快下台！話說到這個份上，足可見王猛在苻堅心中的位置。

苻堅曾對王猛說：「卿夙夜匪懈，憂勤萬機，若文王得太公，吾將優遊以卒歲。」王猛自然要謙虛一下，說不能拿自己和姜子牙相比，苻堅卻說：「以吾觀之，太公豈能過也！」在苻堅心裡，王猛比姜太公還要更加優秀。據《晉書》記載，「猛為相，堅端拱於上，成官總己於下，軍國內外之事，無不由之。猛剛明清肅，善惡著白，放黜屍素，顯拔幽滯，勸課農桑，練習軍旅，官必當才，刑必當罪。由是國富兵強，戰無不克，秦國大治。」難怪苻堅如此看重王猛，有王猛在，他這個皇帝只需要端著手坐在龍椅上就可以了。得臣如此，君之幸事！「治亂邦以法」的治國理念，斬殺國舅的剛毅，正好應合了《晉書》中對其「剛明」的評價。事實上，王猛不僅剛明，更有容忍之度。

公元三七〇年，王猛統領楊安等十將，戰士六萬人討伐前燕。前燕慕容評率精兵三十萬抵禦秦軍，秦燕之間的大戰一觸即發。敵眾我寡，大敵當前，王猛在陣前鼓舞士氣，他說：「我王猛深受皇恩身兼數職，現在我們深入賊地，大家要有進無退，共同建立功業以報答國家！如果我們能取得勝利，自然會受賞拜爵，與家人共同歡慶痛飲！將士們，這是多麼美好的事情啊！」在王猛的感召下，「眾皆踴躍，破釜棄糧，大呼進！」可有一人卻頻頻考驗著王猛的耐心。

此人便是鄧羌。鄧羌的附將徐成偵察敵營歸來誤期，按律當斬。鄧羌為其求情：「現在敵眾我寡，而且馬上就要打仗了，現在斬首大將，恐怕對戰事不利。」他的話在理，現在大戰在即，而徐成作為將軍，對打敗敵人還是有幫助的。但王猛認為：「若不殺成，軍法不立。」鄧羌堅持說：「徐成是我的部下，如果一定要將他斬首的話，我願意替他受罰。」沒想到王猛還是不許。鄧羌大怒，要回營整軍攻打王猛，王猛問他什麼原因，答曰：「我們是來討伐賊人的，但現在自己人裡就有賊人，我先把內賊除了。」鄧羌認為王猛斬殺自己人和慕容評一樣都是賊軍，無外乎是外賊和內賊之分。王猛哈哈大笑：「將軍不必了，我現在馬上就放了徐成。」並拉著鄧羌說：「我就是試驗一下將軍，將軍對部下尚且如此承擔，更何況對國家呢？」王猛下令赦免了徐成，並讚揚鄧羌有勇有義。

第二天秦、燕兩軍大戰。王猛對鄧羌說：「今日一戰，如果得不到將軍的幫助是不可能勝利的。勝利與否就在今日一戰，還請將軍多盡力啊！」沒想到鄧羌卻說：「只要封我為司隸，剩下的事情我來辦，不用你擔心。」鄧羌臨陣邀功。

司隸是一個官職，而且是個很重要的官職，起源於漢朝。這個職位主要是監督京師和地方的檢察官，最初設立時能持節，表示受君令之託，有權劾奏公卿貴戚。東漢初年，漢光武帝劉秀省去丞相司直，使司隸校尉獲得更大的權勢，朝會時和尚書令、御史中丞一起都有專席，當時有「三獨坐」之稱。東漢末年，外戚何進欲誅宦官，封袁紹為司隸校尉，並授予他較大權力，後來袁紹果然盡滅宦官。從此，司隸校尉成為政權中樞裡舉足輕重的角色，董卓稱之為「雄職」。曹操在奪取大權後，也領司隸校尉以自重。袁紹、董卓、曹操都爭奪此位，足可見這個職位分量之大。

現在鄧羌說：「如果給我做司隸，你就不用擔心了，一切我包辦，如果不給我升官，嘿嘿……」這就有威脅的意思了。王猛為難地說：「此非吾之所及也。必以安定太守、萬戶侯相處。」王猛這事做不了主，就許諾了「安定太守」、「萬戶侯」。但這並不能讓鄧羌滿足，於是鄧羌很不高興地走了。不久雙方交戰，鄧羌故意不出兵，在營中睡覺。王猛不再猶豫，答應了鄧羌的要求，於是鄧羌帶著張蠔、徐成等躍馬橫槍，直撲燕軍，四進四出，如入無人之境。經此一戰，前燕軍大敗，十五萬人馬被殲滅，慕容評單騎逃回鄴城。

鄧羌先前為徐成求情，雖然有徇私枉法之嫌，但還說得過去。但在王猛不答應其要求時，他居然要帶兵造反，這就是目無主上了。尤其令人無法容忍的是，大戰開打，鄧羌居然臨陣求官，甚至故意違抗軍令，這不是求官而是脅迫。面對這樣的人，一般人很難容下，但王猛容下了！而事實證明，鄧羌在此戰有相當重的分量，應該說，其個人意願將直接主導戰局的走向。得其心者勝，用這句話來形容鄧羌不為過！而王猛的「容」正是得其心的關鍵因素。人經常說：「我的忍耐是有限度的！」這個「度」不僅是氣量的度，也是成就的度，誰容得更多，誰的成就也就越大。那王猛為什麼會容他呢？

王猛需要鄧羌什麼？鄧羌是一員猛將，在戰場上幾乎無人可與他匹敵。當時前秦與他齊名的勇將還有張蠔，人稱有此二將者，天下無敵。從鄧羌後來在燕軍陣營中四進四出可以看出其勇猛，這正是王猛所需要的。對王猛當時的需求來說，戰鬥力是第一位的，個人品行是第二位的。如果因為鄧羌目無主上就與他撕破臉，自我內部損耗不說，這顯然是因小失大，倒洗澡水連孩子都倒了。王猛的智慧就在於分得清主次，不求全責備，只要你能提供我一切需要的東西就可以了，其他的我可以不計較。

而且，鄧羌的這些行為完全是其性格所致。王猛曾多次與鄧羌共事，例如，公元三五九年時，任御史中丞的鄧羌與王猛同心協力懲治豪強，聯手誅殺貴戚豪強二十多人。根據史書上記載，鄧羌性格「鯁直不撓」，我們透過此四字尚且可以看出其性格特點，何況王猛還與他共事多年？因此，鄧羌要帶兵攻打王猛，王猛可能早就知道是氣話。粗人說氣話，你能計較嗎？且從另外一個角度看這件事，一個連對下屬都一力承擔的人，能不拚死為國效勞嗎？

鄧羌在打仗前伸手要官，這點王猛也是可以理解的。鄧羌仕途之路開始得比王猛早，在苻生執政的時候就已經是將軍了，但打了多年的仗，除了做一陣子文官御史中丞外，沒得到什麼大功名。現在與燕國的決戰開打了，這一仗打完了，他做為武將更沒有什麼大的機會立功了，因此，趁著還有說話權的時候要點功名，也是可以理解的。同樣從另一個角度看：他想要的東西需要自己努力去爭取，答應他，他自然要拚死得到。因此，王猛後來同意他的要求，也不完全是被其脅迫所致，不過是開了一張空白支票，要想兌現還得先打勝仗，這和其他戰前懸賞沒有什麼區別。不同的只是這張支票是鄧羌自己提出來的，但這不過是他有話直說的性格表現而已。很多事情換個角度看，也就看得開了，站在什麼角度決定自己將看到什麼。

公元三七五年，正值盛年的王猛一病不起。苻堅又是祈禱又是大赦，都沒能挽回王猛的性命。當年七月，五十一歲的王猛離開了人世，離開了自己統一的夢想，離開了一心輔佐的苻堅。王猛死時，苻堅曾難過地對太子說：「天不欲使吾平一六合邪？何奪吾景略之速也！」不幸的是，苻堅此話言中。王猛臨終前曾告誡符堅兩件事：一是誅殺鮮卑、羌等少數民族；二是禁止對東晉發動戰爭。符堅都沒做到，最終敗亡。王猛若泉下有知，是否也會想「向天再借五百年」？

深入解析

「關中良相唯王猛，天下蒼生望謝安」，西晉王朝在經歷八王之亂後退出歷史舞台，此時南方根基未穩的東晉政權也處於風雨飄搖的險境。在這樣的背景下，一介布衣封侯拜相，王猛無論生前還是死後都得到了無比的榮耀。

王猛的「出場」是從「捫虱談天下」開始的，從中我們看到一個有理想、有抱負，更主要是有能力任事的王猛。王猛真正打動苻堅卻是從殺人開始的。是的，王猛一上任就殺人，而且殺了很多人，甚至一些有後台的人也沒能逃脫。

不懂「潛規則」的王猛被苻堅拉去問話，但王猛以讓苻堅知道「天子之為尊也」贏得了皇帝的信任。從這個角度看，最大的「潛規則」就是皇帝的規則，只要是有利於皇帝的事情，皇帝都不會反對。王猛就是透過做一件又一件有益於國家、皇帝的事情，而深得皇帝寵信。王猛的成功昭示了一條生存法則：**忠於任事比能於任事更受主管重視！**

王猛政令嚴明，為自己在史書贏得了「剛明」的評價。王猛除了「剛」更有「容」。本文中很大篇幅描寫了王猛與鄧羌的衝突，在這裡我們看到了一個能夠「容人」的王猛。是的，雖然鄧羌公開頂撞自己，雖然鄧羌公然違背軍令，但王猛都容下了，也因此贏得了一場關鍵戰役的勝利。但比一場勝利更讓人欣喜的是，我們看到王猛用「容」收服了可能成為敵人的人，化敵為友且為我所用，這樣的人總是會贏得勝利。

還有個小故事，在正文中沒有寫出來。張天錫是十六國中前涼政權的最後一位君主，公元三七六年，張天錫射殺前秦使節，王猛遂以十三萬步騎攻打前涼。兩兵交戰時，王猛俘獲了前涼大將陰據及甲士五千人。王猛沒有殺他們，也沒有關押他們，反倒派人送他們回去，並寫了一封親筆信給張天錫。王猛在信中引古論今，精闢地分析了天下局勢和涼國的危險處境，勸張幡然悔過。張見信大懼，寢食不寧，終於向秦謝罪稱藩。其實，形勢所逼是一方面，王猛釋放戰俘並寫親筆信的行為打消了張天錫投降的顧慮才是關鍵。王猛的成功向我們昭示了一條生存法則：容人就是容己！

呂端大事不糊塗

「諸葛一生唯謹慎，呂端大事不糊塗。」這首詩是宋太宗對宰相呂端的評價。

呂端在北宋時期宋太宗、真宗皇帝當朝的年代裡，為臣兩代。太宗時，曾得太宗親手戒諭：「自今中公事必經呂端詳的，乃得聞奏。」這一道諭旨，無疑是太宗對呂端的信任和重用。在真宗為帝時，宰相呂端久病不癒。真宗為了解除呂端的勞累，下了一道詔書，免去了呂端每日朝拜的禮儀，有事可透過書信溝通。並授以太子太保，卒後贈司空。為什麼呂端能有如此榮耀？呂端究竟是糊塗還是不糊塗？

呂端出生於官宦世家，憑藉父親的官位庇蔭而走入仕途。他從一名州縣地方官吏，逐步升至樞密直學士，朝中宰相和參知政事，歷史上著名的寇準就是與其同朝為相。呂端先後做過知縣、知府，後又任戶部郎中、大理寺少卿、右諫議大夫等職。呂端處事理政才華出眾，逐漸為宋太宗喜愛和重用。

在呂蒙正為相時，太宗就有重用呂端的想法，有人反對重用呂端，理由是呂端這個人「糊塗」。太宗根據自己多年體察，立即說：「端小事糊塗，大事不糊塗。」宋太宗淳仕四年（公元九九三年），拜為參知政事。沒想到太宗這一句「大事不糊塗」就成了呂端在歷史上留下的痕跡。他在大事上究竟怎麼不糊塗呢？

呂端入相不久，有個叫李繼遷的人，立西夏而抗宋，攪得宋朝西部邊境不得安寧。宋出兵攻夏，抓住了李繼遷的母親，此消息傳到太宗耳朵後，第一反應是把這老婦人給殺了，而後找來寇準詢問他有何意見。寇準當時也沒有什麼異議，這件事情基本就算敲定下來了。

寇準從太宗那出來，碰到了呂端。呂端一看皇上召見寇準，猜想朝廷一定有事發生，就問他：「皇上不讓先生把事情告訴我嗎？」寇準不能說有。呂端又說：「邊疆的一般戰事，我不必知道，若是軍國大計，我身為宰相不可不知啊！」寇準就把事情和他講了，並說皇上準備把李繼遷之母斬首示眾。呂端馬上說：「此事還需再考慮周詳，請您緩辦。」接著馬上朝見太宗。

呂端給太宗講了一個故事。「從前楚漢相爭之時，項羽也抓了劉邦的父親，揚言要把他煮來吃。劉邦聽說後便放話：『我願意分一杯羹。』可見他早已預料到會有這樣的情況，連劉邦這樣忠孝的人尚且如此，更何況李繼遷這樣的謀逆之人呢？皇上您現在殺了他的母親，明天就能抓到李繼遷嗎？如果不能，那只會更堅定他的反叛之心啊！」太宗一聽這話有道理，就問呂端怎麼處理。呂端說：「既然殺了她於事無補，不如把她安置贍養。」太宗採納了此意見。

後李繼遷的母親病死在延州，李繼遷聞訊後，不顧自己的性命來奔喪。李繼遷中了宋朝事先安排好的埋伏，被宋朝軍隊捕獲。李繼遷被抓後，他的兒子納款請命，一場暴亂就此平息。

先說說故事開始前呂端和寇準之間的對話。呂端在詢問寇準皇上問其何事時說：「邊疆的一般戰事，我不必知道，若是軍國大計，我身為宰相不可不知啊。」這句話首先反映出呂端清晰的個人定位。我是宰相，一般的事情我不必知道，這些有下面的官員處理，但軍國大事，我一定要知道，因為我就是負責處理這些大事的。在什麼位置上操什麼心，把自己的事情做好就是最好的。

呂端問話時，提及自己的宰相身分，其實並不是要拿官位壓寇準，而是為了避免寇準多心。皇上是找我寇準問話，你呂端跑來湊什麼熱鬧？為了避免寇準產生自己要與其爭寵的嫌疑，呂端才講了這番話。用意是告訴寇準：「老弟啊！不是我多事，實在是職責所在，我自己身為宰相，對一些可能發生的大事要心裡有數，如果這事不重要的話我也就不會問你了。」作為宰相，詢問一些事情本是很平常的，但呂端還能夠顧及到同僚的感受，主動消除對方心中疑慮，難怪其為官四十年很少遭遇政治打擊，這與呂端平時的謙讓審慎有很大的關係。因謙虛而少樹敵，無敵則無禍。

在得知具體事宜後，呂端對處死李繼遷的母親一事上對寇準說了四個字：「請您緩辦。」這四個字很有意思。

先說這個「請」字。從官階上論，雖然太宗讓時任參知政事的寇準與宰相呂端「分日押班知印，同升政事堂」。可畢竟呂端身為宰相，比寇準參知政事的官職要高一些，而且先於寇準拜相，可以說是寇準的上司、前輩。上司讓自己的下屬辦事，居然用了一個「請」字！這一「請」下屬還真的這麼辦了，人家給我臉面，不能不要臉。試想如果呂端直接對寇準說：這件事你不能這樣做。寇準心裡一定會不舒服，如果蠻橫地硬來，呂端也占不到什麼便宜，一是人家寇準本就和你輪流「坐莊」平起平坐，二來這件事是太宗交辦的，皇帝這個後台萬萬不能得罪。所以呂端沒有硬來，而是用了一個「請」字，不僅給了寇準面子，也顯得自己不那麼強硬，寇準當然也就不好不聽。

既然已經說是商量了，呂端乾脆把面子給足，在「請」字後面又加了一個「您」字。這一「請」一「您」可就把寇準位置給抬高了，這就像一個長者給一個年輕人行禮一樣，年輕人只有下跪的份。表面上是抬你，其實是把你架起來，讓你騎虎難下，還就得按他說的辦，否則就是大不敬了。

最有意思的就是這個「緩」字了。人家只是讓緩辦又不是不辦，這樣說寇準還容易接受。如果呂端直接讓他不辦，寇準就為難了。這是皇帝的旨意，不辦就是抗旨，那是要掉腦袋的。而且辦不辦不是他寇準說了算，得皇上說了算，你現在讓他不辦，借他寇準一萬個膽子他也不敢下這個狠心。但現在只是說「緩辦」，你先別急著執行，給我點時間，讓我再到皇帝那周旋一下。這件事寇準還是辦得到的。很多人求人，只求自己方便，卻忘記了讓被求的人也方便，人家自己都不方便了還怎麼給你方便？如果直接讓人家幫一個不方便的忙，人家若一口回絕了，那是連轉圜的餘地都沒有。再者，倉促之間呂端自己也不一定就弄清楚了該不該殺，現在一口定下來不殺，而皇帝那又堅持要殺，自己就等於在跟皇帝做對了。緩辦，自己也先探探風向，再決定究竟如何辦。

最後這個「辦」字也有點學問。一般而言，「辦」都是上對下說的，例如，主管吩咐下屬：「你把某某事給辦了。」這個「辦」字向寇準透露兩個訊息：我還是你的上司，你只是執行層面；這又給寇準壓了壓分量，前面已經抬你了，但你也得認清自己的位置，不要胡來。

呂端勸諫太宗的時候沒有上來就給人一棒子——這事你辦錯了，畢竟人家是皇帝，還是要給他點面子。很多人規勸的時候總喜歡先否定對方的觀點，如此一來，其實是在將問題轉變為「誰對誰錯」。身為老闆的皇帝當然是要面子的，即便你呂端是對的，為了面子我也一意孤行，實在不行就拿皇帝的身分壓你。

與開明與否無關，這是人之常情，為什麼那麼多大臣因勸諫而被殺？除去他的主子不能容忍異議之外，和他自己沒有掌握這一點而用錯方法也有很大關係。所以呂端用說典故的方式婉轉地提出了異議，太宗也不是傻子，他當然能聽明白自己辦錯了。而呂端從一開始就沒說太宗錯了，當然也就不存在太宗認錯的問題，這個台階便好下了。

後面呂端給太宗的處理建議也是很高明的。贍養李繼遷的母親，一、可向天下昭示皇上的恩德仁義；二、把李繼遷推上不忠（叛國）不孝（棄母）的位置，太宗的軍隊就是仁義之師了，這種噱頭在當時很有號召力；三、手中有了人質，李繼遷會投鼠忌器；四、可以充當誘餌，找機會誘捕李繼遷。

比抓獲李繼遷更大的事情，例如，擁立太子真宗繼位這樣的大事上，呂端更是不糊塗。

宋太宗晚年身體多病，為早做準備，太宗立其子襄王趙恆為太子，並由呂端負責太子的學習和生活起居等事宜。但這個太子人選對於某些人確實大大的不利，內侍王繼恩便是其中之一。王繼恩聯繫了參知政事李昌齡、殿前都指揮使李繼勳、知制誥胡旦等人，準備推翻現太子，另立合適人選。

可他們的計畫還沒有成功，太宗因病不治而終。太宗一死，各勢力集團蠢蠢欲動。皇后命王繼恩召見呂端，呂端馬上覺得事有蹊蹺。呂端清楚，王繼恩不過是跳梁小丑，作為一個內侍，他只是皇后的馬一枚棋子，真正希望另立太子的是皇后。雖然趙恆是皇后親生，但皇后更希望由自己的長子繼位。現在太宗駕崩了，皇后此時來找自己，定是討論關於太子繼位的問題，這裡可能會有什麼變故。於是呂端派人把王繼恩鎖在自己府中，不許他出入，然後自己去見皇后了。

入宮後，皇后對他說：「陛下業已駕崩。立嗣以長才順乎傳統，如今應當如何呢？」皇后的意思很明顯了，由長子繼位才合乎傳統，而襄王趙恆是三子，顯然不合適。呂端明白，皇后是想讓先前已經被廢的太宗長子元佐繼位，這是萬萬不能的。呂端說：「先帝生前冊立太子，正是為了今日，如今先帝才剛駕崩，怎可違命而有不同的意見呢？」呂端的態度很明確：不行。此時王繼恩已經被呂端扣押起來了，皇后一個「婦道」人家無兵無權，身邊連個能幫忙的人也沒有，因此不再固執己見，同意按太宗遺命讓襄王趙恆繼位。

真宗登基，接見百官。真宗垂簾端坐於殿上接受群臣朝拜，呂端卻怎麼也不肯跪拜。皇后便問其為何不拜，呂端說：「請把簾子捲起來，讓太子坐在正位上，讓我們看清楚了再拜。」皇后便讓人捲起簾子。呂端在殿下看了看，仍然不敢確認，於是請旨上前觀看。恩准後，呂端登上殿階詳細察看，確認是真宗本人之後，才走下殿階，率領群臣叩頭跪拜，高呼萬歲。

呂端為何要如此做？其實這正體現了他大事不糊塗的一面。朝中大臣各有心思，皇后的意願也不在趙恆這邊，而且還有內侍參與其中，如果現在坐在簾子後面的不是太子趙恆怎麼辦？如果不驗明正身就盲目跪拜，這一拜下去後，無論上面坐的是誰，他都將名正言順繼位登基，因為繼位之禮已完成。在封建社會，這個「禮」可是比天還要大，禮成即事實，所謂生米煮成熟飯，到時就一點辦法都沒有了。所以呂端一定要先確認坐在上面的是否是趙恆本人，以避免被人趁亂混水摸魚。

雖然真宗繼位禮成，但其帝位並不穩。看看真宗的反對派吧！王繼恩為內侍，在皇宮裡頭，真宗的食衣住行都可能出現問題；參知政事李昌齡是朝廷重臣，對其他大臣有很大的影響力；殿前都指揮使李繼勳是近衛軍統領，如果此人有異心，皇帝的安全岌岌可危。為了進一步鞏固真宗的帝位，呂端開始為真宗整肅異己。貶王繼恩為右監門衛將軍並安置均州，將李繼勳派赴陳州，貶李昌齡為忠武軍司馬。呂端的目的有二，一是削除反對派實權，二是將反對派趕離權力中心，以降低他們犯上作亂的可能性。在呂端一系列措施下，真宗的根基更加牢固。

呂端本人歷經兩朝，在世時深得當政者讚賞，享受極高的禮遇。過世後，歷史評價也很高，在《宋史》中有列傳。史書評價他：「端為相持重，識大體，以清簡為務。」、「姿儀環秀，有器量，寬厚多恕，善談諧，意豁如也。」雖然呂端在後世的影響力，遠沒有同朝為官的寇準大，但一句「呂端大事不糊塗」，足以使其在歷史上留下精彩的一筆！

深入解析

關於呂端的這篇文章，其實主要講了一句話和一件事，回答的問題只有一個：為什麼呂端歷兩朝而不倒，還取得那麼多令人羨慕的成就。「呂端大事不糊塗」是歷史給他的評價，我關注的焦點是：呂端做了什麼才不糊塗。我相信不糊塗只是外表，而不糊塗的原因才是他成功的根本。

呂端不糊塗，首先體現在他清楚地認知自己的角色和定位。從呂端和寇準的對話，呂端對太宗的勸諫，以及後來呂端處理關於太宗傳位給誰的問題上，無不體現出他對自身角色定位的清楚認知。如果沒有這種認知，將會出現什麼情況？呂端很可能因此得罪寇準，影響到群臣的團結問題；死諫太宗，太宗因而生他的氣；盲目地議論接班人問題，說不定會捲入一場政治鬥爭而身陷不測。總之，若呂端不清楚自己的角色定位，他的職業道路將風險重重。呂端平步青雲的仕途向我們昭示了一條生存法則：**你要知道你是誰！**

呂端是成功的，因為他知道自己是誰，而比這更重要的是：他知道如何去詮釋自己是誰。關心國事，因害怕寇準多心，不忘記在提問之前說：「我是丞相。」明明想要阻止，但他沒有忘記用商量的語氣，以讓寇準接受；明明太宗是錯的，呂端卻隻字未提太宗錯了，而懂得以巧妙的暗示勸阻皇帝；後宮有人想謀權篡位，呂端先裝糊塗，而後再做自己該做的事情……正是因為這樣，他不僅知道自己是誰，也讓他人知道了他的角色定位，並且願意接受他的角色定位，這是呂端獲得成功的主因。呂端用他成功的人生向我們昭示了一條法則：**你要讓別人接受你是誰！**

幾起幾落的寇準

他沐浴後穿上了朝服，看了看手中那條用犀牛角做的腰帶。這種腰帶普天下只有兩條，這是有人給太宗獻的寶物——通天犀，太宗令人加工成兩條犀帶，一條自用，另一條賜給了自己。他把腰帶圍上，向北行了跪拜之禮，此時的他只是個小小的雷州司戶參軍，已經無法像當年擔任宰相時那樣拜謝天恩了！然後命人鋪好床鋪，躺下了就再也沒有醒來！他就此離開了歷史舞台，給自己四十多年的官宦生涯劃上了句號。他是北宋名相寇準。

寇準十九歲時赴汴梁會試被宋太宗欽點及第，先後任巴東知縣、大理評事。後為參知政事，真宗登基後拜相。遼兵進攻宋朝時，他促使宋真宗親征澶州，與遼訂立澶淵之盟。不久被人排擠罷相，出任陝州知州。晚年又被起用，後又遭丁謂陷害被貶至雷州。天聖元年，宋仁宗登基僅一年，寇準在雷州逝世，享年六十三歲。寇準一生先後歷經宋太宗、宋真宗、宋仁宗三位皇帝，曾被宋太宗評價為：「我有寇準，就像唐太宗有魏徵一樣。」但其仕途並不坦蕩，拜相、罷相，幾起幾落，直到景佑元年（公元一〇三四年），寇準去世十一年後，才得宋仁宗為其昭雪。宋太宗曾說寇準「臨事明敏」，但這樣一個「明敏」的人，為何會幾起幾落呢？

寇準入仕之途和大多數人一樣，是透過科舉中的進士。唯一與他人不同的是，精通《春秋》三傳的寇準，僅十九歲就中了進士。由於太年輕，別人擔心他會吃虧，就告訴他在面聖的時候多說幾歲，但寇準偏偏不這樣做。《宋史．寇準列傳》載：「太宗取人，多臨軒顧問，年少者往往罷去。或教准增年，答曰：『准方進取，可欺君邪？』」別人讓他「增年」多報幾歲，寇準卻認為：「准方進取，可欺君邪？」我剛剛才取了進士，怎麼能欺君呢？後世讀此時，大多說寇準正直，但筆者認為這更顯其忠誠。而這也正是太宗喜歡他的原因。

宋太祖趙匡胤死後，其子德昭未能如願繼位，宋太宗趙光義以皇弟身分登基，這本身就很蹊蹺。再加上太祖之死還有「燭影斧聲」之謎，也就是說太宗有殺兄奪位之嫌。可以想見，太宗的皇位並不穩固。這個時候，作為皇帝的太宗需要什麼樣的人才來輔佐他？辦事能力強的人還是忠心耿耿的人？恐怕還是需要後者。太宗取寇準是因為寇準是忠誠的人，否則正直的寇準若問太宗「燭影斧聲」該怎麼辦？太宗需要一個忠誠於自己的人，一個對自己真心實意、沒有絲毫欺騙的人，而寇準就是那個不敢欺君的人。也正因為寇準忠誠，太宗才稱他為本朝的「魏徵」。

寇準進士及第後被派往巴東任知縣。他在巴東的功績，宋史中以一句「每期會賦役，未嘗輒出符移，唯具鄉里姓名揭縣門，百姓莫敢後期」一筆帶過。然這數語，卻極盡了寇準的政績：經濟發展、社會安定、政通人和。寇準離任時，巴東百姓送了他一把傘，全城人以傘為具載歌載舞。據說，這就是「萬民傘」的由來。正是由於他出色的政績，讓太宗知道寇準不僅忠誠可託事，且能力極佳，故一紙調令把寇準調到身邊。

成了近臣，寇準經常給太宗提建議。一次寇準說得太宗很生氣，氣得想調頭就走，寇準卻扯住太宗的衣角，勸他重新落座，聽他把話講完。事後，宋太宗十分讚賞寇準，高興地說：「我得到寇準就像唐太宗得到魏徵一樣。」其實成為魏徵，除開正直之外，最關鍵的是忠誠，要一心為國。否則，只知道和皇帝唱反調，卻沒有一件事情是為了江山社稷，太宗早就將他斬首了。雖然寇準一心為國，卻還是觸了霉頭，官場上第一次跌倒了。

一天，時任諫議大夫、樞密副使的寇準在街上騎馬前行時，突然從街旁閃出一人，當街攔住他的馬，並連聲高呼：「萬歲，萬歲，萬萬歲！」此事後來傳到了太宗耳裡，這在以忠誠取人的太宗那裡自然是容不得的，再加上參政王沔、樞密院知院張遜等人的火上澆油，寇準被貶至青州。實際上，這次寇準是因其正直而跌倒了。

淳化二年（公元九九一年）春，發生了一場大旱災，宋太宗召集近臣詢問時政得失。群臣多認為是自然現象，與時政無關，但寇準卻借題發揮了，說旱災是上天對朝廷刑罰不平的警告。太宗知道寇準是話中有話，就問寇準怎麼回事。寇準說：「請將王沔等叫來，我當面解釋。」當一干人等來了後，寇準便提起淳化初年的兩個案子。當年發生了兩起受賄案，情節嚴重的王淮，僅被撤職杖責，不久又官復原職；而情節較輕的祖吉，卻被處以死刑。之所以有不公平的判罰結果，只因為王淮是王沔的弟弟，寇準就問王沔：「這難道不是刑罰不公嗎？」宋太宗當即責問了王沔，也更加賞識寇準，任命寇準為左諫議大夫，樞密副使又改為同知樞密院事，直接參與北宋朝廷的軍國大事，但王沔與寇準就此結怨。

不知是有人特意安排還是寇準「名聲」太好，發生了有人當街直呼萬歲的事情。王沔便聯合了寇準在樞密院有嚴重意見分歧的知院張遜一同彈劾寇準，在此二人的努力之下，寇準被貶到青州做知府。寇準走後，太宗越想越不對，覺得此事是有人故意陷害，於是經常詢問寇準在青州的情況，一是因為牽掛，二是想找個機會把寇準調回來。第二年，太宗找個事由將寇準召回京師，拜為參知政事，後又加給事中。回京後，寇準大力推行改革，提出「進賢退不肖」改革綱領。改革自然會遇到阻力，很快以馮拯等人為首的反對派形成。雙方進行了一連串鬥爭，已經年邁的太宗覺得有點煩，事情的結果是寇準的參知政事被罷免，貶為鄧州刺吏。不過這一次，寇準因之前成了後來登基的真宗的「保皇派」，真宗登基後就把寇準詔回朝任宰相。原來，寇準從青州回來，就被太宗詢問了一件很棘手的事情——立儲問題。

當時宋太宗在位日久，一直未立皇儲。太宗是太祖的弟弟，因此，在立儲時有兩個選擇：立自己的兒子或立太祖的兒子。當時一般大臣都諱言立儲一事。大臣馮拯曾上疏請立皇儲，被太宗貶到嶺南，從此朝野上下很少有人敢再議論此事。寇準從青州回來，太宗就此事詢問他的意見。但他並沒有直接回答太宗的問題。他告訴太宗：「應選擇眾望所歸者立為太子。」這是典型的官場太極，我想立誰並不重要，眾望所歸不過是個幌子，皇帝你的意思就代表大家了，你的人選就是大家的人選。太宗低頭沉思許久，摒退左右的人，輕聲問道：「襄王如何？」寇準便順水推舟地說：「知子莫若父。陛下既然認為襄王可以，就請決定吧。」你都有了人選，何必再諮詢我呢？就定襄王吧。

第二天，太宗便宣布襄王趙恆為開封尹，改封壽王，立為皇太子，這樣寇準間接地促成襄王趙恆成為太子。又一次太宗與太子拜謁祖廟回來，京城的百姓在街道上爭著看太子。人群中有人喊了聲「少年天子」，太宗覺得很刺耳，便問寇準：「現在大家的心思都在太子那裡，把我放在哪？」寇準卻說：「太子深得人心，是國家的福氣。」太宗想想是這麼回事，又高興起來，於是寇準再一次「保護」了太子。

從立太子的事情上，可以看出忠誠、正直的寇準也不乏「狡猾」。皇帝問誰可以接替自己的位置，在那個年代裡雖然是國事，但其實更多的是家事，一個外人的影響力是很小的。皇帝選誰不選誰，其實心裡有了譜，他諮詢臣子的意見不是聽建議，而是想確認一下自己的想法是否合適。而且寇準已經離京一年了，這期間發生了哪些變化他還不是很清楚，此時無論他說誰合適都會得罪人。而自己所推薦的也不一定是皇帝心目中的既定人選。如果站錯了隊伍，這影響就大了。因此，寇準很政治地回答說：「應選擇眾望所歸者立為太子。」他把皮球又踢了回去，這樣的回答大體上還說得過去，看起來誰都沒說，但實際上又誰都說了，誰都不得罪，更可以借機試探一下皇帝的口風。事實上，太宗也確實是有了人選，就是襄王，接著太宗自己說了出來。

皇帝有意向了，寇準順口接了句：「知子莫若父。陛下既然認為襄王可以，就請決定吧。」這話很高明。第一，這個人選不是我推薦的，是你太宗自己選的。第二，我沒有說襄王不可以，最了解自己兒子的還是你這個父親。這樣一來，如果日後襄王繼位，寇準正好做了個順水人情，因為我當時沒有反對，襄王才能成為太子。如果出了什麼差錯，襄王沒能繼位，你太宗也不能埋怨我，因為我說過最了解兒子的是你這個父親。第三，其他登基的皇子也不能埋怨我，因為我從沒說立襄王，是你們的父親太宗自己選擇的。看來經歷了第一次起落，寇準也開始懂得給自己留條後路。事實證明這條後路，為寇準在真宗朝的再次崛起奠定了基礎。

當襄王成為宋真宗以後，新皇帝面臨一個老問題：遼兵的襲擾。契丹騎兵趁宋主新立，更頻繁地騷擾邊境。景德元年，邊境告急文書頻傳，說遼軍又要大規模入侵了。六月，宰相畢士安向宋真宗推薦寇準為相。此時真宗想起了這個曾促成自己登基的寇準，八月，寇準被任命為集賢殿大學士，和畢士安同為宰相。

同年九月，遼聖宗耶律隆緒和他的母親蕭太后，率二十萬大軍，從幽州出發，浩浩蕩蕩，向南推進。當時朝中大部分人都不願意開戰，還有人建議真宗遷都。副宰相王欽若是江南人，主張遷都金陵，還有一個叫陳堯叟的是四川人，勸真宗逃到成都去。二人雖然方向不一樣，但目標是一致的——跑。但寇準力主出戰，寇準說：「將獻策之人斬首祭旗，然後北伐。倘若採用二策，則人心崩潰，敵騎深入，天下豈能保有？」把主張遷都的人都拉出去砍了，用他們的頭顱來祭旗而後與敵交戰。因為兩兵交戰，只可進尺不可退寸，否則軍心大亂。在寇準的建議下，真宗御駕親征。為了消除王欽若對真宗的影響，寇準把他從真宗身邊調到大軍前線防遼兵，這為其日後再次被貶埋下了隱患。

御駕的隊伍剛剛到韋城，一些隨臣趁寇準不在的時候，又在真宗身邊嘮叨，勸真宗暫時退兵，避一避風頭。宋真宗於是召見寇準，寇準說：「現在兩軍交戰，軍心不穩。我們只能前進一尺，不可後退一寸。」後來寇準又拉來了殿前都指揮使高瓊來勸說真宗。在寇準、高瓊和眾將士的建議下，宋真宗動身前往澶州。

此時，一個意外的收穫使得整個戰局發生了變化。遼軍主將蕭達蘭帶著幾個騎兵視察地形，偏偏進入了宋軍伏弩陣地。弩箭齊發，蕭達蘭死於亂箭之下。

大戰在即，主將卻先亡，蕭太后有了講和的心思。

蕭太后派人到了宋朝行營議和，要宋朝割讓土地。宋真宗聽到遼朝肯議和，正合他的心意。便說：「割讓土地是不行的。如果遼人要點金銀財帛，我看可以答應他們。」真宗便派曹利用出使遼國議和，給他的談判底線是一百萬。臨行前，寇準惡狠狠地對曹利用說：「汝所許毋過三十萬，過三十萬，吾斬汝矣！」寇準只給他三十萬的底線，若高於這個價格，回來後就要砍了曹利用的頭。最終的議和結果是：北宋每年向遼國交納歲幣銀十萬兩，絹二十萬匹。這就是歷史上著名的「澶淵之盟」。

這是影響整個北宋一百六十多年的歷史大事，雖然「澶淵之盟」本身並不值得稱道，但在這次戰爭中，宋軍給予遼軍有力的反擊。此後有很長一段時間，遼國沒有發動大規模的入侵。澶淵之盟後，宋遼邊境干戈寧息，貿易繁榮，人民生活安定。宋神宗時的宰相王安石曾在〈澶州〉一詩中所歌頌的：「歡盟從此至今日，丞相萊公（寇準後被封為萊國公）功第一。」《宋史‧寇準傳》說：「澶淵之幸，力沮眾議，竟成雋功，古所謂大臣者，於斯見之。」但回過頭來看整件事情，作為關鍵人物之一的寇準有哪些地方做得不恰當呢？

歷史上在講到真宗此次親征，往往認為是寇準堅持所致，似乎真宗就是硬著頭皮去的。這首先要看一下真宗的主觀意願是想戰還是想和。第一，真宗不是膽小之人，在此之前真宗曾親征至飽受遼騷擾的澶淵幾次，難道這一次就不敢去了？第二，即便真宗真的是膽小之人，那是勸說一個膽小的人逃跑容易，還是讓他上前線「送死」容易？答案肯定是前者，但為什麼那麼多的大臣都沒說動「膽小」的真宗逃跑，偏偏就寇準一個人讓真宗親征了呢？可見真宗的主觀意願還是想戰的，他詢問寇準的用意就和當年太宗立太子時一樣，不過是想多聽聽意見。

可寇準這次犯糊塗了，居然還找上殿前都指揮使高瓊等人來「勸說」，這就顯得真宗比寇準「膽怯」了，而且旁人怎麼看都像是寇準逼著皇帝上前線。本來是皇帝可以流傳後世的功績，結果卻弄得皇帝像個小媳婦似的受寇準脅迫。而後在議和之時，寇準又背著皇帝給曹利用下了一道「所許毋過三十萬」的命令。當曹利用回來後，真宗聽到結果後應該很高興，畢竟與自己的底線相比差了七十萬兩，肯定會稱讚曹利用。而曹利用不敢獨占功勞，絕對會將「寇相只給了我三十萬的底線」的實情給說出來，如此一來，寇準私下命令的舉動真宗就知道了。這一系列的事情串聯在一起，真宗實在不能不多想：寇準還有把我放在眼裡嗎？

皇帝一旦有這些疑慮，寇準在真宗心裡的形象自然會有所變化。定下「澶淵之盟」後，先前被寇準派往前線「送死」的王欽若「大難沒死」，他心裡可是恨死寇準了。王欽若開始盤算怎麼收拾寇準。他向真宗進言：「城下之盟，《春秋》恥之。澶淵之舉，是城下之盟也。以萬乘之貴而為城下之盟，其何恥如之！」王欽若先是抹黑澶淵之盟，說那是「城下之盟」，《春秋》都說城下之盟是件可恥的事情。如今皇帝御駕親征，卻只定下個「城下之盟」的結果，這是天大的恥辱。真宗頓時不悅，王欽若見讒言有效，更是火上澆油：「陛下聞博乎？博者輸錢欲盡，乃罄所有出之，謂之孤注。陛下，寇準之孤注也，斯亦危矣。」意思是說寇準是賭徒，他以皇帝的性命以博自己的名聲，真宗不過是他寇準所下的一個賭注。本來真宗就對寇準印象有了折扣，再加上王欽若在一旁添油加醋，寇準被扣上了一頂「倒楣帽子」。真宗漸漸減少對寇準的眷顧，公元一〇〇六年，真宗罷免了寇準的相位。

這一次，寇準吃了「小人」的虧，明知道王欽若是「小人」，還去招惹不必要的麻煩，應該檢討一下自己。寇準如何得罪王欽若？首先是在他建議遷都時，當著人家的面說要把提這種建議的人拉出去砍頭，這不是當著人家的面賞對方一記耳光嗎？俗話說：「打人不打臉。」寇準不可能不知道這建議裡頭有王欽若的份，也不可能不知道王欽若是個什麼樣的人。就算你不同意這個建議，也應該私下裡和真宗說，何必和小人撕破臉呢？其次，真宗在同意親征之後，寇準又把王欽若派到前線去了。當時大家都不願意開戰，尤其是王欽若，他認為這場仗很兇險。寇準硬把他支到前線去了，不擺明了讓他去送死嗎？你把人家往死裡趕，人家還能不嫉恨你嗎？

其實這是何苦呢？真宗採納寇準的建議，說明他還是比較相信寇準的，這場爭鬥寇準已經勝利了，又何必趕盡殺絕呢？人情留一線，日後好相見，如果不是因為寇準把人家派到前線送死，想來王欽若也不會在日後反咬寇準一口。可寇準雖吃了一回虧，卻沒有長記性，在公元一〇一九年再次回朝當宰相後，依然犯了類似的錯誤。

天禧三年（公元一〇一九年），丁謂主動邀請寇準回朝再當宰相。當時丁謂無論是資歷還是聲望，都不夠格當宰相，所以他以參知政事的名義請寇準回朝為相，好憑藉寇準的聲望來提升自己的權勢。丁謂一心想把寇準拉為同黨，所以處處巴結。一次吃飯的時候，寇準的鬍鬚沾了些許菜湯，丁謂馬上起身為寇準擦鬚。而寇準不但不領情，反而當眾取笑丁謂：「參政國之大臣，乃為官長拂鬚邪？」意思是：你是國之重臣，還要為長官擦鬍鬚嗎？丁謂羞愧難當，憤恨之心藏於心底。後來，寇準捲入了劉皇后干預朝政的政治漩渦，被丁謂借機聯合劉皇后再次將他貶官。

真宗得風濕病後，劉皇后干政，引起部分忠義之人的不滿，裡面當然也有寇準。後來劉皇后先下手為強，罷寇準為太子太傅，封為萊國公。太監周懷政聯絡同黨，企圖發動政變，斬殺丁謂，復相寇準，尊真宗為太上皇，擁立皇太子繼位。可是事情敗露，周懷政被俘後自殺。丁謂誣告寇準參與密謀。寇準雖沒被問成死罪，卻再次被罷相，貶為相州刺史，逐出京城。等到真宗去世後，劉皇后就再也沒有顧忌，先貶寇準為湖南道州司馬，再貶到廣東雷州司戶參軍。寇準到了雷州後第二年就去世了，有人說是病死，也有人說是絕望自殺，無論如何，一代名相就此在歷史上劃上句號。

「高樓聊引望，杳杳一川平。野水無人渡，孤舟盡日橫。荒村生斷靄，古寺語流鶯。舊業遙清渭，沉思忽自驚。」這是寇準十九歲那年，進士及第初任巴東時所作的一首詩，不知六十三歲的他，幾經坎坷、幾番起落之後在雷州是否「沉思忽自驚」？

深入解析

十九歲及第，四十多年的官宦生涯中拜相、罷相，最後去世時只是一名雷州司戶參軍。幾起幾落的寇準帶給我們什麼啟示？

首先，寇準最優秀的性格特質是什麼？忠誠。這個世界上能做事的人很多，但能夠讓人放心的人並不多，這就顯得忠誠的重要性，而忠誠也是每個管理者最關注的一項特質。沒有人喜歡與兩面三刀的人為友，沒有人願意與心口不一的人合作，沒有人願意與會背後捅刀的人同行。雖然到宋真宗時才拜相，但他的政治資本實際上是在太宗時積累起來的。不要忘記寇準走入仕途時年僅十九歲，若非太宗對他的愛護和提攜，以寇準當時的年紀，很難在殘酷的官場鬥爭中生存。太宗為什麼器重寇準？因為他的忠誠。因忠誠而受器重的寇準為我們昭示了一條生存法則：**你要讓你的主管對你放心！**

寇準幾遭迫害都是因為得罪了小人，這是他不幸的一面。但從另一個角度去看，這些小人為什麼要迫害寇準？為什麼這些小人不約而同要找寇準的麻煩？可以發現都是寇準先得罪了他們。不是說小人不能得罪，不是說人不應該正直，而是我們沒有必要去得罪小人。以王欽若為例，若不是寇準把他送到前線當炮灰，王欽若日後也不會下狠手迫害寇準。兩個人本可以你走你的陽關道，我過我的獨木橋，你做你的忠臣，我做我的小人，互不干涉，相安無事。管你忠臣還是小人，活著才能做自己該做的事。死都死了，權都沒了，忠臣還怎麼和小人鬥？受到小人迫害的寇準為我們昭示了一條生存法則：**沒事千萬別與小人糾纏！**

一人戰鬥王安石

一心想要「富國強兵」，積極推動各項改革，結果卻被後世認為是宋朝滅亡的罪魁禍首，把他與童貫這樣的公認奸臣相提並論。此人正是王安石。

公元一〇六七年，中國歷史在波瀾不驚中再一次發生了皇位更替，年僅二十歲的趙頊登上歷史舞台，史稱宋神宗。是時，北宋的政權面臨一系列危機，軍費開支龐大，官僚機構充斥著冗官、冗兵而政費繁多。繁重的開支使北宋財政年年虧空，據《宋史．食貨志》記載，到一〇六五年，國庫虧空已達一千五百七十多萬。財政的捉襟見肘使神宗很是頭痛，甚至取消了春季祭天大典的賞賜，以節省開支。歷史上將這個局面稱為：「內則不能無以社稷為憂，外則不能無懼於夷狄。」

神宗讓大臣列條陳，希望得到一些建議和幫助。可他聽到不是要他恪守祖宗成法，就是要他布德行惠，或者選賢任能、疏遠奸佞，唯獨沒有人告訴他如何去實現自己的理想。就在神宗鬱悶的時候，他想起了一個曾讓自己欣喜的聲音，這個聲音正是來自王安石。

王安石在嘉佑三年（公元一〇五八年）遞交給當時的皇帝宋仁宗趙禎的一份萬言書中，倡議對宋初以來的法度進行全盤改革，以扭轉積貧積弱的局勢。在趙頊登基前，有個叫韓維的祕書郎，每每在趙頊面前推薦王安石。熙寧初，王安石以翰林學士侍從之臣的身分，同太子議論治國之道，深得趙頊賞識。正是在那個時候，王安石告訴趙頊：「我可以幫您使國庫充盈。」這正是趙頊最想要的。

公元一〇六九年，王安石被已經登基的趙頊提為參知政事，次年起兩度任同中書門下平章事，後又升任宰相，開始大力改革推行新法，史稱「熙寧變法」。

從變法推行開始，反對的聲浪此起彼落。御史呂誨上書彈劾王安石，宋神宗不聽，貶呂誨去鄧州；《青苗法》剛一頒布，宰相富弼即稱病辭職；翰林學士司馬光公開出來反對《青苗法》，與呂惠卿在宋神宗面前辯論；開封府推官蘇軾上七千餘言的長篇奏疏，強烈反對變法；翰林學士范鎮，右正言李常、孫覺等也上書指責《青苗法》；元老重臣韓琦出判大名府，上書大力攻擊《青苗法》，曾公亮、陳升之等人也附議支持。

轟轟烈烈的「熙寧變法」，我們知道是以失敗告終的。簡單地把變法失敗歸結於反對派的「徇私利己」顯然是過於粗淺了，很多人反對王安石變法不是因為他的目的和初衷，而是因為他的改革方式。其實反對派的司馬光也主張改革現狀。

司馬光不止一次向神宗進言，要從用人、理財等方面緩解已經出現的各種弊端。但隨著變法的深入，司馬光與主持變法的王安石之間分歧越來越大。就其竭誠為國來說，二人的方向是相同的，但路線各有不同。從發展的結果來看，雖然不知道司馬光的路線是否正確，但王安石的方式一定有問題，否則他理想中的改革受益者——老百姓不會反對變法。

熙寧七年（公元一〇七四年），有個叫鄭俠的人上書神宗，並提交了一幅《流民圖》。圖中描繪了當時民間百姓賣兒賣女、典當妻子、拆毀房屋、砍伐桑柘等悲慘的景象。這幅真實生動的《流民圖》給宋神宗極大的震撼。他改革的本意是希望百姓都能得到幸福，可事與願違。神宗因此夜不能寐，陷入了深深的反思中。第二天，宋神宗下令暫時罷免青苗、免役、方田、保甲等十八項法令，這也導致了王安石的第一次罷相。

雖然王安石後來官復原職，各項法令也恢復執行，但由此可見神宗對變法也產生了動搖。《流民圖》反映出了當時百姓的真實生活狀態，身處水深火熱中的百姓當然也不支持變法。據說在神宗皇帝去世後，司馬光由洛陽返回開封，參加皇帝的治喪事宜，曾經被京城數百名百姓攔截在首都街頭，群眾高呼：「請先生不要回洛陽，留下來輔佐皇帝，救救百姓！」為什麼百姓覺得司馬光好？

敵人的敵人就是朋友，這是一個很簡單的道理，百姓求反對王安石變法的司馬光主政，這實際上是從側面反映出了百姓的遭遇。作為變法受益者的百姓都不支持變法，可見王安石的變法存在嚴重的問題。

值得注意的是：韓琦（前宰相）、富弼（抵禦西夏，守護西北疆土的能臣，前宰相）、司馬光（《資治通鑑》作者）、文彥博（樞密使、一代諍臣）、范純仁（范仲淹之子），甚至蘇軾、蘇轍兄弟，幾乎宋史上有名的一代名臣、名人，全都不約而同地成了王安石變法的反對者。如果他們真的是因反對變法而斷送了宋朝，為何無論是在當時或者後世，對這些人品格和才能的評價都很高呢？一個人是徇私，兩個人是勾結，但幾乎所有人都反對，如果上上下下都認為你有錯的時候，若非方向錯誤，就是路線錯誤，或者技術上有偏差。即便說王安石的方向和方法沒有錯誤，至少他的方式是值得商榷的。

古代人除姓名外，還會有大小字、別名之類。王安石字介甫，晚號半山，小字獾郎。我對這個小字獾郎很感興趣。把獾的一些習性與王安石的行事做對比，可以發現一些有意思的事。獾性喜清潔，洞道內保持乾淨，不存糞便等汙物。如果按人的習性來理解，獾是「眼裡揉不得沙子」的。袋獾可以在三十分鐘之內吃下差不多相當於自己體重百分之四十的食物，可以理解為是個急性子。在王安石的性格特點中，排他、急進、富於攻擊性都很明顯。

王安石為人特立獨行。據載，他常不梳洗就出門會客，看書入神時則會隨手拿東西吃，吃了魚食也不知道。蘇洵曾做《辨奸論》，公認的就是影射王安石，其中寫道：「夫面垢不忘洗，衣垢不忘浣，此人之至情也。今也不然，衣臣虜之衣，食犬彘之食，囚首喪面而談詩書，此豈其情也哉？」從個人的角度來看，你喜歡怎麼穿怎麼打扮是你的權利，但你不是一個人，出面會客，其實就是一種社交互動。而王安石居然蓬頭垢面，說得好聽一點是「做自己」，但其實更多的是不尊重他人。老百姓尚且知道見朋友要穿件好衣服，王是當朝宰相，見人卻不知道洗把臉？從這些事可以看出王安石自我中心的排他性格。

前面提到司馬光是支持變法的，只不過路線不同於王，但王安石就直接將司馬光列入「敵對」名單之內。司馬光曾私下裡寫了三封信與王安石探討改革的一些問題，可王安石只回覆了第一封信，而且還弄成了「公開信」的形式，名為〈答司馬諫議書〉。裡面有一段：「而議事每不合，所操之術多異故也。雖欲強聒，終必不蒙見察，故略上報，不復一一自辯。」王安石的意思是：我倆的爭論是出於不同的政治路線，既然如此就不用一一爭辯了。王安石居然不在乎司馬光？很難想像司馬光這樣一個具有影響力的人，一個改革的推動者居然不在乎。司馬光尚且被如此排擠，何況他人？

還有一個故事。韓琦也曾做過宰相，在未當宰相之前做過揚州太守，當時王安石是他的下屬。韓琦曾勸導王安石：「君少年，無廢書，不可自棄。」意思是：「少年啊，你還年輕，多讀點書吧。不要自暴自棄。」顯然是好意的一句話。王安石卻認為韓琦看不起自己，於是和韓琦疏遠，即便韓琦把他作為自己的老部下看待並加以提攜，王安石毫不領情。後來王安石在日記中這樣評價韓琦：「韓琦別無長處，唯面目姣好耳。」王安石確實有能力，可這種自信到有些自負的人，對自己的老師和長官都如此評價，還能聽得進其他人的意見嗎？

「自古驅民在信誠，一言為重百金輕。今人未可非商鞅，商鞅能令政必行！」這首〈商鞅〉是王安石所作，幾行字豪氣沖天，從王安石自比商鞅這點來看，可以知道他預想到改革過程中的流言蜚語。但換個角度看，也為他堅持自己是對的、其他人是錯的排他思想埋下伏筆。其實王安石的變法進程並未推進多少，很多時候都是在和所謂的反對派進行鬥爭。但所爭論的並不是該不該改革，而是具體路線。

改革的主要工作，並不僅僅是改變事情，更重要的是改變世人固有的思想觀念。因此，改革過程中的爭論就是一個調節、溝通的過程，是改革的重要工作之一。王安石現在一律排除反對聲音，其實就是拒絕與人溝通，不溝通怎麼能順暢？如果能虛懷若谷地博采眾家之益言，忍辱負重，就能爭得這些人的支持，大家團結合作，不會有那麼多的內耗，也不至於後來變法的走樣，他也不會提拔那麼多奸臣，給宋朝滅亡留下隱患，而被後世唾罵。

王安石的急進表現在兩方面：推事及用人。從熙寧二年到熙寧九年這八年，王安石圍繞「富國強兵」這一目標，陸續實行了均輸、青苗、農田水利、募役、市易、免行、方田均稅、將兵、保甲、保馬等十幾項新法，平均一年頒布兩項新法。俗話說「飯要一口一口吃」，可王安石就是想一口吃成胖子，希望明天國家就能國富民強。他的初衷雖好，但從結果上看，過程是很有問題的。

由於新法的經常性頒布，使得每一次新法的頒布都會引發一場爭論，一次爭論的停歇就是下次爭論的開始。使得改革者每天都在做一件事情：與反對派鬥嘴，而沒有時間去把頒布的法律落實、督察、適應改變。這種急進的、沒有計畫的改革，與成功改革的典範商鞅變法形成了鮮明對比。商鞅變法，變法二十一年（還只是計算了其主持變法時間，未算其身後變法的延續時間），推出的新法還不足十項。也正是因為這個原因，商鞅才有時間去精心籌劃每一項法令的內容，以保證法令適應實際需求，並能夠實際執行，確保了改革的順利進行。再反觀王安石的變法，新法推出之前沒考慮周詳，使得推行過程中出現一些問題；在執行過程中由於下面人的「自有對策」而使新法推行更加困難；出現問題後又未能及時更正，最終導致目標和結果完全不符。

例如，《青苗法》的推行。所謂《青苗法》，按今天的理解就是農業貸款，在禾苗青黃不接時，農民以地中青苗做抵押，國家以低息貸款給農民，解決農民燃眉之急，國家收取利息以作收入。如此說來，它應該是一個好政策，但在制定新法時只考慮到農民能還上錢，沒有考慮到若出現天災，農民沒錢可還的情況。不巧，新法剛推行，全國各地就連續數年旱、水、蝗災不斷。受災面積既大，災害烈度亦強。官府為了減輕自己的損失和連帶產生的責任，唯有逼迫農民還債。農民只好變賣家當，歸還貸款本息。嚴重者需要賣房賣地，甚至賣兒賣女。最後，部分農民流離失所，許多農民無力或者不敢貸款，這就是事前考慮不周的後果。

推行過程中，底下人的執行也很有問題。當時國家給各級地方下達指標，如果貸款發放不出去，地方官員便無法完成那百分之二的貸款利息（即價值增值）的任務，這可影響前途啊！為前途計，下面人自有對策，最常見的方式是提高利率，或者根本不給最需要的、經濟狀況不好的人貸款，青苗法也因此流於形式。很多事情不是壞在最上面，也不壞在下面，而是壞在中間。執行力差一方面說明官員能力不佳，一方面也說明了法令的執行和監管考核體系有問題。同時在災害問題出現後，王安石沒能及時調整法令，使得法令推行更加困難。環境已經改變，就不能再堅持原來的老方法，既然已經遭到災害，就應該想想其他的調整辦法。這就如同冬天穿棉襖很暖和，但夏天還穿著棉襖就是傻子了。

在用人上，王安石也很急進。王安石變法的最重要支持者、參與者、助手、學生和繼承人，幾乎全部被列入奸臣的行列。前面說到了，變法從一開始就被許多朝中大臣反對，王安石為培養自己的「改革集團」，就只能提拔一些「青年幹部」。而這些人雖然表面上支持變法，其實都有著政治目的：支持就能升遷！自己能飛黃騰達才是最要緊的，他們並不是真的想擁護變法。

眾所公認的奸臣、北宋最腐敗昏庸的宰相蔡京就是其中一員。熙寧三年，熙寧變法的第二年，蔡京進京應試，得中進士。短短數年，蔡京由地方政府官員變成朝中大臣，受到朝廷的重用。這一切都源於王安石的保薦，之所以會被保薦，是因為蔡京是變法的支持者。

曾布、魏繼宗、韓絳、呂惠卿等，在後世大都被列入了奸臣之列。除開能力外，更多的是其個人品行。例如曾布和魏繼宗，在受朝臣極力反對和神宗對變法有所動搖之後，便聯合起來攻訐呂嘉問。而此三人都是王安石一手提拔，如曾布就是被王安石介紹為主管變法的司農寺少卿。宋神宗後，蔡確、章惇、呂惠卿、蔡京、蔡卞無不被視為北宋奸臣。可這些北宋奸臣卻都是直接或者間接靠王安石舉薦起家。不能說王安石故意為之，只能說王安石太想有人支持了，因此非此即彼，不反對我的都是好人，好人就要重用，進而被別有用心的人利用。如果王安石不如此急躁地提拔任用那些不知底細的人——至少先對其品行考察一番，也不至於受此連累，被反對派抓住這點而屢遭彈劾，也不至於陷入內外交困的兩難之境。

王安石憑藉變法一鳴驚人，卻也因變法聲名狼藉，但不可否認他對國家和百姓的一片熱忱。王安石志不在做官，朝廷再三請他出仕，他一再拒絕任命。他在慶曆二年中進士，時年二十一歲。一直到四十六歲才得意，經歷了宋仁宗、宋英宗兩朝，一共二十五年之久。在此之前，「館閣之命屢下，安石屢辭，士大夫謂其無意於世，恨不識其面。朝廷每欲俾美於官，唯患其不就也。」一由於他謝絕到朝廷就任，朝野上下就越希望他出來做官，一時間，朝拜者、請安者、侍奉者絡繹不絕，「以金陵不作執政為屈」。他總希望能「得因吏事之力，少施其所學」，到外地州郡做地方官。宰相始於州府，王安石志存高遠。他先後十幾次上書請求外任。

王安石一生為官清廉，就連其政敵都不得不承認他「素有德行」、「平生行止無一汙點」，他是典型的好人。結果卻因變法一事，自己留得身後罵名，更有人將王安石視為宋朝滅亡的罪魁禍首。「毀譽從來不可聽，是非終久自分明。一時輕信人言語，自有明人話不平。」借用馮夢龍的這首詩，向王安石道一份尊敬！

深入解析

為了國富民強的理想，王安石走上了推動改革的道路。在世時，司馬光、蘇軾、蘇轍等宋史上一代名臣、名人幾乎都是他的對手。王安石的經歷很值得玩味。

筆者認為，將王安石與呂惠卿、蔡京這些奸臣相提並論是很讓人痛心的。

要知道，王安石所做的一切，無不希望為國家增加財富，希望減輕百姓的負擔，但無論是當朝者、同朝官僚還是百姓蒼生，似乎都不約而同地對王安石提出的一系列改革措施表示不滿。為什麼一心做事的他卻落得裡外不是人？王安石的方向出現錯誤了嗎？當然不是。從青苗法的分析中可以看出，他的出發點是非常好的。但歷史無數次地證明，出發點正確不一定就能得到正確的結果。王安石的失敗為我們昭示了一條生存法則：**方式與方向同樣重要！**

為什麼王安石的方法會出問題？根據上述文章分析，我們知道王安石在做事和用人上操之過急了。是的，一下子推出那麼多新政策，事前沒有充分的時間把事情規劃好，事中沒辦法有效率地落實執行，事後更沒有時間追蹤回饋。為了推廣新政策，王安石需要大量的人做這些工作。由於對人才的需求過於迫切，王安石不調查背景、不問原因提拔新人，所以蔡京、韓絳、呂惠卿等被後世稱為奸臣的人就被王安石提攜起來了。事情沒做成，還培養那麼多破壞分子，王安石想不挨罵都難。王安石變法的失敗為我們昭示了一條生存法則：**欲速則不達，愈急進愈容易犯錯誤！**

一敗塗地張居正

他，明嘉靖朝進士出身，以翰林院庶起士一職進入官場。隆慶元年（公元一五六七年）明穆宗即位，他先後升任禮部侍郎兼翰林院學士、吏部侍郎兼東閣大學士、吏部尚書、建極殿大學士。隆慶六年，明神宗即位，他成為內閣首輔，當政十年。萬曆十年（公元一五八二年）病死，明神宗為之輟朝，贈上柱國太師銜，賜謚文忠。他帶著生前的榮耀埋入了江陵的墓地，但「意外」才剛剛開始。萬曆十一年，神宗下詔奪上柱國太師銜，並奪謚。次年詔令查抄家產，一家十幾口因而餓死。長子敬修自縊，次子懋修自殺未遂，和弟弟允修等充軍，年逾八旬的老母親，惶懼哭泣，求死不得。此時，離他去世僅僅一年又十個月。他就是被後世譽為「宰相之傑」的張居正。

明朝重臣張居正死前恩寵加身，權傾天下。死後屍骨未寒，便成為世人口誅筆伐的對象。生前一切改革措施都被否定，生前致力的新政從此夭折。黃仁宇先生在《萬曆十五年》一書中說：「張居正本身是一個令人感情激動的題目。」他生前主導了明萬曆年間的改革，成就了「萬曆中興」。可就是他一心輔佐的萬曆皇帝，使其幾遭滅門，甚至一度要將張居正掘墓鞭屍。張居正生前榮耀顯達，身後一敗塗地，究竟是什麼原因，令他陷入如此絕境？

張居正從小聰穎過人，是荊州府遠近馳名的神童，因曾祖父作了一個白龜夢，故其小時候名為「白圭」。嘉靖十五年，十二歲的白圭報考生員，荊州知府李士翱對其十分憐愛，並替他改名為居正。十六歲時，張居正順利透過鄉試，成為一名少年舉人。湖廣巡撫顧璘對他十分賞識，讚其「此子將相才也」，並解下犀帶贈予居正。嘉靖二十六年，二十三歲的張居正中二甲進士，授庶起士。由此，張居正開始了其漫長的政治生涯。

張居正的仕途最初並不平坦，在翰林院裡沒有他展示的機會和舞台。張居正入翰林院的時候，內閣正在進行一場激烈的政治鬥爭，當時的內閣大學士夏言、嚴嵩二人正爭奪首輔之位。在政治的風浪中，他「內抱不群，外欲混跡」，相機而動。

機會在嘉靖四十三年出現，張居正成為裕王朱載⊠的侍講、侍讀。侍講侍讀本不是什麼重要的位置，但嘉靖四十五年世宗去世，裕王成為了明穆宗，這一下子不得了了。根據《明史．張居正傳》記載，張居正在裕王府侍講、侍讀期間，「王甚貨之，邸中中宮亦無不善居正者。」說明當時還是裕王的明穆宗很賞識張居正。具體如何賞識，在穆宗繼位後得到了顯現。隆慶元年（公元一五六七年），張居正被擢為吏部左侍郎兼文淵閣大學士，進入內閣，參與朝政。同年四月，又改任禮部尚書、武英殿大學士。這年張居正四十三歲，位高權重，但這不是他政治生涯最輝煌的時候，一切才剛剛開始。

公元一五七二年，穆宗去世，年僅十歲的太子朱翊鈞繼位，即明神宗，穆宗遺命張居正等三位大臣輔政。此後張居正成為首輔，開始了他獨掌國家大權十年的輝煌時刻。十年間，張居正客觀地分析了當時的社會矛盾，正確地把握了問題的實質和關鍵，逐步推行各項改革，並取得了非常理想的成果。

萬曆元年（公元一五七三年）十一月，張居正上疏實行「考成法」。所謂「考成法」，與今天的績效考核類似。透過「詢事考言、以言核事、以事核效」的考核監察制度，對各級官員進行考核。這一辦法，改變了以往「上之督之者雖諄諄，而下之聽之者恆藐藐」的官場弊病，提高了工作效率。由於明確了各部門的職責和目標，且賞罰分明，明朝官場出現了「雖萬里外，朝下而夕奉行」的景象。

依託「考成法」，張居正開始整頓田賦、增加國家財政收入。他將征賦作為地方官員的主要考核指標，凡是無法達到目標九成的官員一律懲處。在考核機制下，各級官員不敢懈怠，積極督促稅糧徵繳工作，改變了以往拖欠稅糧的狀況。根據萬曆五年戶部統計全國的錢糧數目，歲入達四百三十五萬餘兩，比隆慶朝時成長了百分之七十四。

萬曆六年，張居正下令清丈全國田地。土地和人口是封建王朝財政和勞動力的主要來源，但隨著土地兼併的發展，民間的土地和人口逐漸集中到勳臣、貴戚和大地主的名下。他們倚仗特權瞞田偷稅、逃避差役，致使萬曆朝前期法定的徵糧地比明初減少一半，人口減少三分之一以上。張居正清楚地看到了這一點，認為這是國家動亂、貧瘠的根源。於是開始清查全國土地，以解決瞞田逃稅和稅役不均的社會問題。經過三年的努力，共計查出瞞田八十多萬頃，不僅使得普通老百姓免受賠累，同時增加了國家稅收，扭轉了財政虧損。

萬曆九年，張居正開始在全國推行「一條鞭」法。封建時代，各種賦役種類名目繁多，如雜泛、均傜、力差、銀差等。張居正將這些賦役合併為一種，將力差歸入田賦，一律按田畝核算，統一徵收。同時，允許將差役折合成銀兩，允許出銀雇人代役。它簡化了賦役的項目和徵收手續，使賦役合一，改變了當時嚴重不均的賦役制度。它減輕了農民的不合理賦役負擔，限制了胥吏的舞弊，特別是取消了苛重的力差，使農民有較多時間從事農業生產。

張居正還積極透過多項政策減輕人民的賦役負擔，有時直接減免稅賦；反對傳統的「重農輕商」觀念，提出「省徵發，以厚農而資商；……輕關市，以厚商而利農」的主張；同時還推行了改革驛遞制度、取消豪紳仕宦優免特權、整頓學政、興修水利等一系列措施。根據《明史紀事本末》記載，張居正執政十年間「海內肅清、荒外讐服、力籌富國，太倉粟可支十年積金至四百餘萬。成君德，抑近幸，嚴考成，核名實，清郵傳，核地畝，一時治績炳然。」改革前財政空虛，入不敷出，改革後國家儲糧可多支出十年，國庫積銀四百萬兩。難怪《明通鑑》讚譽：「是時，帑藏充盈，國最完備。」改革將張居正推向了個人職涯的巔峰，但也卻為其身後的一敗塗地埋下了伏筆。作為一個改革家，張居正不愧有傑出的才幹和堅強毅力，但其寡情、驕橫、專斷的性格則為自己埋下了怎樣的禍根？

整治吏治、推行考成法、推行一條鞭法等改革措施，無疑觸動了大小官員及富紳權貴的利益。自古推行改革的人很多，因改革得罪人的人也很多，但如張居正過世後一敗塗地的並不多，甚至可以講絕無僅有。就連張居正自己對自己身處險境也早有認識。他在給朋友的信中說：任事以來，「所結怨於天下者不少矣」、「自知身後必不保」。這是張居正自己說的，不幸的是他說對了，不知這是一種睿智還是一種悲哀？

筆者認為，張居正的悲劇不在於他因改革得罪了人，導致他身後一敗塗地的不是他推行改革的對手。當張居正幾近「鞭屍」時，為他奔走呼號平反昭雪的，是當初被張居正廷杖致殘的反對派、太子太保、吏部尚書鄒元標。而具有諷刺意味的是，策劃張居正全家遭難的，是他一手提拔、重用的繼任首輔張四維，而這齣悲劇的「監製」是張居正一心輔佐的萬曆皇帝。萬曆皇帝的態度轉變，才是其過世後悲劇的根源。究竟是什麼讓萬曆皇帝態度來了個一百八十度的大轉彎？

在探究萬曆皇帝態度轉變之前，首先勾勒一下張居正的性格特點。張居正曾說過：「當大過之時，為大過之事，未免有剛過之病，然不如是，不足以定傾而安國！」筆者認為「剛過」是張居正成為首輔之後最大的性格特點。

張居正崇尚軍事家孫武，用兵法治理國政，以鐵腕手段行事。他曾推行「殺以止殺，刑期無刑」、「盜者必獲，獲而必誅」的政策。「殺氣騰騰」是張居正執政時期非常顯著的一個特點。「見賊即殺，勿復問其向背」，對於境內的動亂和治安，不論是起義還是盜賊，力行誅殺，張居正從不手軟。舉例來說，廣東嶺西有山民反抗朝廷，張居正親自調兵遣將，以三十萬兵力一舉討平。他在此後給四川巡撫的信中這樣描述自己的心情：「聞九絲捷音，不覺屐齒之折。」聽到自己鎮壓得勝，興奮得連鞋子都破了，其強硬、專權、寡情可見一斑。

為什麼要先了解張居正的性格特點呢？因為了解了他的性格特點，就可以體會萬曆皇帝在其「輔佐」時期有多麼鬱悶，也就可以理解，為什麼萬曆皇帝在張居正去世後突然性格大變。

萬曆皇帝十歲繼位，當時張居正受穆宗的遺命，與高拱、高儀三人輔政。但三人輔政的局面並沒有持續多長時間。高拱在與司禮監掌印太監馮保的政治鬥爭中出局了，而高儀年邁多病沒多久也隱退回家了，實際上輔政的只有張居正一人。因此，張居正獨掌國家大權達十年之久。這十年，他與萬曆發生過什麼呢？

為了教導小皇帝，張居正編了一本書，叫《帝鑑圖說》。裡面有文字，並配有圖畫，都是一些歷史故事，張居正每天都會給萬曆皇帝講書。可前面已經提到了張居正的性格特點，應該不難想像這位帝師是如何的「嚴厲」。

一次，張居正講完漢文帝在細柳勞軍的故事，說：「陛下應該注意武備。天下太平久了，武備越來越鬆弛，不能不注意啊！」萬曆皇帝趕緊點頭稱是。不知道十歲的萬曆皇帝是否懂得「武備」是什麼意思，但他一定知道張居正說的話都要回答「是」。其實，張居正給萬曆講課沒有什麼錯，就是嚴厲甚至非常嚴厲都沒問題，這都是為了「教育下一代」。但他忘記這個小孩子是皇帝，不是「可能」是皇帝，而是「已經」是皇帝。小皇帝也許現在不明白自己有什麼權力，但他知道自己是「天下唯我獨尊」的皇帝。張居正對萬曆的嚴厲，其實在小皇帝的心裡埋下了仇恨的種子。

還有一次，小皇帝閒得發慌，底下的人給他找樂子，找個由頭把兩個小太監打得半死。這事讓太后知道了，狠狠地責備了小皇帝，還讓人給他讀《漢書．霍光傳》。為什麼提霍光呢？西漢霍光輔政的時候，昌邑王劉賀不就是被太后和霍光廢掉皇位嗎？其實作為萬曆皇帝生母的李太后，她沒理由把自己的兒子趕下皇位，只不過想拿這個嚇唬他而已。但萬曆皇帝可不這麼想，此時就不僅是因為張居正嚴厲而懼怕他了，小皇帝意識到張居正就是本朝的霍光，也由此第一次認識到張居正對自己皇位的威脅。對於這件事，雖然最後以張居正把慫恿神宗胡鬧的太監全部趕走，代萬曆皇帝起草〈罪己詔〉為止，但萬曆皇帝已經開始認識到一些事了。萬曆皇帝以他超齡的智慧，學到了老師張居正「內抱不群，外欲混跡」的處事策略。

萬曆七年，萬曆皇帝向戶部索求十萬金，以備光祿寺御膳之用。張居正說不行，同時要求皇帝節省「一切無益之費」，萬曆皇帝沒作聲。張居正廢止宮中上元節的燈火、花燈費，萬曆皇帝沒作聲。至此以後，張居正停止重修慈慶、慈寧二宮及武英殿，停止向內府提供用來享樂的預算，節省皇帝的日常開銷，減蘇松應天織造等，萬曆皇帝還是沒作聲。萬曆七年時，萬曆皇帝多大？十七歲，正是愛玩、愛熱鬧且叛逆情緒最高漲的年紀，更何況他是一國之君。但老師張居正說一句不可以，他就不玩了，難道他真的那麼聽老師的話嗎？並非如此。歷史上萬曆皇帝以「貪財」聞名，但這都是在張居正死後才顯現出來的，由此可見，張居正在世時，小皇帝很好地隱藏了自己，為了自保。

為了自保，萬曆皇帝還給張居正灌了不少迷湯。萬曆五年九月，張居正的父親病逝，按當時的丁憂制度，他應離職返鄉守孝三年。張居正此時非常不願意離開，改革才剛剛開始，如果現在離開，一切都將前功盡棄。但他要走下過場，在上疏乞恩守制的折子中寫道：「如皇上之於臣，若是之懇篤者，此所謂非常之恩也。臣於此時，舉其草芥賤軀，摩頂放踵，粉為微塵，猶不足以仰答於萬一，又何暇顧旁人之非議，循匹夫之小節，而拘拘於常理之內乎？」這話說得很明白了——「我不想走，你也不必拘於常理」。於是萬曆皇帝挽留他，他也就順勢接受了挽留。當時朝中有很多人拿這件事大做文章，紛紛上書彈劾張居正。此時萬曆皇帝下了一道命令：反對張居正留任者，殺。

第二年三月，張居正回家守孝，希望請假到八九月，萬曆皇帝卻命他五月即回京述職，其間朝廷有大事，即千里賓士請示張居正，以體現「朝廷不可一日無首輔張先生」。後來，因朝中不斷有人彈劾張居正，張居正多次請辭，但都被萬曆皇帝拒絕，並對他說：「先生功大，朕無以為酬，只是看顧先生的子孫便了。」這話真是暖心。

張居正也確實被這迷湯灌迷糊了，變得越來越自負，越來越專橫。「內外大計，一出其手定，部院不過一承行吏書矣。」他與次輔呂調陽、張四維共事，也只讓他們「拱手受成而已」。就連萬曆皇帝都成了擺設。萬曆登基之初，批閱本章，只是把張居正寫好的批覆改用朱筆抄寫一遍就算完成了職責。在人事任命上，也只能在張居正提出的幾個候選名單裡圈定其中之一。雖然張居正這樣做是出於一片好意，避免年幼的皇帝用錯人，但給萬曆的感覺就是：這個國家裡真正做著決策的是張居正而非自己。真正令萬曆皇帝恐懼的，還有下屬官員對張居正的趨之若鶩。

張居正病重時，根據《嘉靖以來首輔傳》記載：「自六卿、大臣、翰林、言路、部曹，下至官吏冗散，無不設醮詞廟，為居正祈禱者，吏部尚書而下舍職業而朝夕奔走，仲夏曝身出赤日中。」張居正病了，整個國家的各級官員不忙別的事情，就忙著給他祈禱。大夏天的光著膀子在外曬太陽，舒服嗎？當然不舒服，可這些權貴大臣就是這樣做了，這樣的影響力萬曆皇帝能不怕嗎？

萬曆十年六月二十日，張居正病逝，捨棄了權力和十年來竭誠擁戴的皇帝，撒手人寰。在其去世後的第四天，御史雷士幀等七名言官彈劾潘晟，萬曆皇帝撤了潘晟的職。潘晟是張居正生前所薦上來的，他的下台，標誌著張居正時代的結束。不久，大批彈劾張居正的奏折上來了，萬曆皇帝下令抄家，並削盡其官秩，奪生前所賜璽書、四代誥命，以罪狀示天下，還差點開棺戮屍。家人更是死的死、抓的抓，不知張居正若泉下有知，會作何感想？

從前萬曆皇帝容不得別人說張居正一個壞字，如今是不允許任何人說他一個好字。其實萬曆皇帝的變臉，何嘗不是其內心憤怒的一種釋放呢？在抄家及給張居正定罪過程中，落井下石的人並不多。左都御史趙錦上疏提出異議，左諭德於慎行寫信給執行抄家刑部侍郎，勸其不要做得太過了。趙錦與於慎行兩人，都曾因得罪張居正而被迫退休，此時卻積極上疏呼告，可見張居正不是因改革得罪人而留了身後罪名。但此時的萬曆皇帝哪裡還理會這些，他最終給張居正定的罪名是：「專權亂政，罔上負恩，謀國不忠。」這是一頂大帽子，罪名很大，卻可以不用真憑實據就定罪，可見萬曆皇帝就是要和張居正算總帳，哪怕罪名是「莫須有」。

也許萬曆不是一個好皇帝，也談不上是個聖祖明君，那麼康熙是不是呢？康熙朝主修的《明史》將張居正列為權臣，就是說他用了不應該用的權力，有些事情已經僭越了。當然這不是在否定張居正，《明史．張居正傳》這樣評價他的功過：「張居正通識時變，勇於任事。神宗初政，起衰振隳，不可謂非幹濟才。而威柄之操，幾於震主，卒致禍發身後。」無可否認張居正對明朝的貢獻，但與其難得的治國之才相比，在處理和萬曆皇帝的關係上，他的情商顯然有待加強。

張居正故宅有題詩云：「恩怨盡時方論定，封疆危日見才難。」令人欣慰的是，這樣一位鞠躬盡瘁、死而後已的護國者，在明朝最後一站崇禎朝恢復了清白，得到了平反。「願以深心奉塵剎，不予自身求利益。」這是張居正自己寫的，他也確實做到了。向這樣一位改革者致敬，向這樣一位無私者致敬！

深入解析

被後世譽為「宰相之傑」的張居正，生前恩寵加身、權傾天下，身後卻一敗塗地，不能不讓人感到惋惜。但從上面的分析不難看出，萬曆皇帝如此對待張居正是有原因的。

首先，萬曆皇帝對張居正心存不滿，否則，他不會如此對待自己的恩師。皇帝若是生氣，那後果就很嚴重了。前文也分析了皇帝為什麼會生氣。「剛過」是張居正成為首輔之後最大的性格特點，而正是「剛過」，讓他總是很嚴厲地對待皇帝。去看張居正教導萬曆皇帝的幾件事，不難發現張居正其實是一片好意，為國為民。但正因為張居正覺得自己有理，加之「剛過」的性格，他有理還要向所有人強調自己有理。換言之，就是表達的方式不對，使得別人將他善意的規勸當成了命令，這讓身為皇帝的萬曆很不滿，因而怒火心生。張居正好心沒好報的下場昭示了一條生存法則：**說話的藝術比內容更加重要**！

但就算皇帝對張居正心懷不滿，撤銷他的榮譽就是了，為何還要給他定罪「專權亂政，罔上負恩，謀國不忠」呢？這可都是一些謀反的罪名啊！我們都知道張居正並沒有「謀反」，那是不是萬曆因對他心存不滿，故意整治他呢？

筆者認為不是，相反，這才是真正使張居正過世後一敗塗地的原因。前文提到了：「下屬官員對張居正的趨之若鶩。」而且張居正作為首輔大臣，「內外大計，一出其手定」，這不得不說張居正具有造反的能力。也許身為皇帝的萬曆找不到張居正造反的理由，但這個能力讓他害怕。即便張居正去世了，難保不再出個張居正二號、張居正三號，做皇帝最害怕有人造反。所以張居正成為殺雞儆猴的「雞」，目的是為了警告那些意圖謀反或意圖控制皇帝的人。張居正的悲劇昭示了一條生存法則：**擁有造反的能力比擁有造反的理由更令人忌憚！**

洞悉人心的郭嘉

聞其去世，一人大哭。「奉孝死了，這是天要亡我啊！」次年，赤壁之戰魏國大敗，此人又哭。別人問他哭什麼？答曰：「我是想起郭奉孝所以哭了起來！如果奉孝還在的話，絕不會讓我犯下如此滔天大錯！」說罷捶胸大哭：「哀哉，奉孝！痛哉，奉孝！惜哉！奉孝！」哭的人，是三國時的一代霸主曹操，而他所哭之人奉孝，就是被曹操稱讚「平定天下，謀功為高」的郭嘉。郭嘉在三國的歷史中，只能算過客，他並沒有趕上三國這齣好戲的高潮。

從建安元年被曹操任命為司空軍祭酒，到北征後因病去世，歷史留給他表演的時間只有十一年。但即便只有十一年，郭嘉也在三國的歷史上留下屬於自己的一筆。後世曾有人作詩道：「天生郭奉孝，豪傑冠群英；腹內藏經史，胸中隱甲兵；運謀如范蠡，決策似陳平。可惜身先喪，中原梁棟傾！」

作為曹操的謀士，他為曹操統一中國北方立下了汗馬功勞。《三國志．魏書．郭嘉傳》中評價他為「才策謀略，世之奇士」，世人稱其為「鬼才」。在《三國演義》中，有句話是：「得臥龍、鳳雛者，可得天下也。」意思是得到諸葛亮或龐統中的一位，即可分得天下，但對郭嘉的評價「得郭嘉者可定天下」，也絲毫不比諸葛亮遜色。郭嘉跟隨曹操十一年，兩人「行同騎乘，坐共幄席」。郭嘉生病，「太祖問疾者交錯」。曹操曾動過「天下事竟，欲以後事屬之」的念頭，想將治國安邦之任給予郭嘉，可見曹操對郭嘉有多麼賞識。郭嘉的後世評價也頗高。毛澤東曾稱讚他「才識超群，足智多謀，出謀劃策，功績卓著」。郭嘉究竟有何過人之處，能得到如此高的評價？

郭嘉雖然深得曹操的賞識和器重，但最初他卻是曹操的敵人，那時他是袁紹的幕僚。但這份工作僅做了幾十天，郭嘉透過對袁紹的觀察，認為袁紹不值得自己追隨。《三國志．魏書．郭嘉傳》中記載他對袁紹的評價是：「袁公徒欲效周公之下士，而未知用人之機。多端寡要，好謀無決，欲與共濟天下大難，定霸王之業，難矣。」於是，他離開了袁紹，後來在曹操謀士荀彧的推薦下，曹操召見了郭嘉，與其共論天下大事。一番交流後，曹操得出一結論：「使孤成大業者，必此人也。」郭嘉也認為曹操是雄才大略的明主，兩人一見如故，曹操當即任命郭嘉為司空軍祭酒。郭嘉就此成為曹操的軍事參謀，開始了自己十一年的光輝歷程。

在離開袁紹之前，郭嘉曾說了一句話：「夫智者審於量主，故百舉百全而功名可立也。」意思是：智謀之士首先要慎選明主，只有那樣，行事方能得心應手，而功名可立。這正是郭嘉的高明之處。

郭嘉有很清楚的角色定位：謀士。有了清晰的定位，才知道什麼才是使自己成功的條件。郭嘉認為，作為謀士，成功的條件之一就是要有個明主，因此，要想獲得成功，首先得「審於量主」，給自己找一個好碼頭，才能「百舉百全而功名可立」。在那樣的亂世，像郭嘉這樣的文人謀士很多，他們雖然有很強的能力，但卻沒有自己的勢力：土地和兵力。因此，他們若想成就個人事業，就必須投靠有一定實力的人，才能讓自己有舞台去表演發揮。就好像藤蔓需要大樹才能升高，毛需要附著於一張皮上才能固存一樣的道理。

郭嘉的高明不僅在於他懂得這個道理，更在於他依照這個道理行事。當他透過一段時間的觀察，認定袁紹不是理想中的明主後，馬上就離開了袁紹。當有人向曹操推薦自己時，便積極地與曹操接觸並進行判斷，最終確認自己輔佐的目標。選擇了明主後，郭嘉也開始自己的「百舉百全」立功名之路。

作為軍事參謀，郭嘉的名聲全憑一場又一場的勝仗。郭嘉在軍事上的長處，在於他能把握對手心理，能夠透過對對手的心理分析判斷，從而於宏觀角度把握戰爭時局，並取得有利的結果。

郭嘉首先分析袁紹和曹操，他曾有個著名的「十勝十敗說」：「劉、項之不敵，公所知也。高祖唯智勝，項羽雖強，終為所擒。今紹有十敗，公有十勝，紹兵雖盛，不足懼也；紹繁禮多儀，公體任自然，此道勝也；紹以逆動，公以順率，此義勝也；桓、靈以來，政失於寬，紹以寬濟，公以猛糾，此治勝也；紹外寬內忌，所任多親戚，公外簡內明，用人唯才，此度勝也；紹多謀少決，公得策輒行，此謀勝也；紹專收名譽，公以至誠待人，此德勝也；紹恤近忽遠，公慮無不周，此仁勝也；紹聽讒惑亂，公浸潤不行，此明勝也；紹是非混淆，公法度嚴明，此文勝也；紹好為虛勢，不知兵要，公以少克眾，用兵如神，此武勝也。公有此十勝，於以敗紹無難矣。」這番話是郭嘉勸曹操攻打袁紹時說的，但在筆者看來，這正是其「審於量主」的一篇彙報總結。這十勝之說是郭嘉棄袁投曹的「理論基礎」，同時亦證明了郭嘉日後的成功與先前費時「審於量主」有很大的關係。成功有兩大條件：跟對人、做對事。選擇曹操，證明郭嘉跟對了人，接下來需要的就是做對事。

隨著呂布的勢力逐步壯大，在徐州立穩腳跟。曹操將策略重心轉移到東線，對呂布展開攻勢。雙方僵持了大半年也沒能分出勝負，曹操考慮放棄，卻被郭嘉勸阻。郭嘉以項羽為例勸諫曹操，提出「有勇無謀者若之氣衰力竭之時，便不久於敗亡」的觀點，勸曹操急攻。曹操從諫，果然一鼓作氣擒殺呂布。至此，曹操在北方只剩下一個最大的敵人——袁紹。後來，曹操與袁紹開始了史上著名的官渡之戰。官渡之戰之初，曹操仍擔心自己的軍力遜於袁紹，且江東小霸王孫策逐步崛起，身後還有個不安分的劉備。但郭嘉給曹操吃了兩顆「定心丸」。

曹操擔心劉備，害怕他在背後捅自己一刀，但自己即將與袁紹對戰，能不能分出兵馬先收拾劉備呢？郭嘉說可以，但要迅速。郭嘉分析：「備新起，眾心未附，急擊之，必敗。」郭嘉認為此時劉備根基未穩，與曹操相比算是力量較弱的一方，此時重拳出擊，必能收到效果，即便不能立刻消滅他，也免除了後方之憂。而且「紹性遲而多疑，來必不速」，當袁紹還在猶豫的時候，大戰可能已經結束了！最後，曹操聽取郭嘉的建議舉師東征，大勝劉備的軍隊，還抓了劉備的妻子和關羽。

打敗了劉備，還有個孫策。孫策接過父親孫堅的槍後，聯合袁術，在周瑜的幫助下開始了自己的吞江東之路。孫策渡江後，僅僅四年的時間，馳騁疆場，東征西討，逐步削平江東割據勢力，進而獨霸江東，被人稱為江東小霸王。在曹操與袁紹對戰官渡之時，有傳言說孫策準備派遣大軍偷襲曹操許都。一旦許都失守，曹操陣營立刻分崩瓦解。此時郭嘉又發表了一番獨特的見解。

郭嘉認為孫策：「輕而無備，性急少謀，乃匹夫之勇耳，他日必死於小人之手。」意思是孫策年少輕狂，只有匹夫之勇，他日必定遭人暗算。想不到孫策不久後真被許貢的門客給殺死了！雖然後世裴松之先生在為《三國志》添注的時候，認為此次郭嘉「料事如神」只是湊巧。但不得不承認一個事實：郭嘉說了這個預言，而這個預言真的實現了！其實所謂湊巧，只不過是時間上的湊巧，這件事情在孫策攻打許都之前發生了。郭嘉的判斷是基於他對孫策心理及性格的判斷，當時郭嘉年僅三十歲，不得不佩服此人深刻的洞察力。

官渡之戰成就了歷史上著名的以少勝多的經典戰役，曹操打敗袁紹，取得了決定性的勝利。袁紹死後，其子袁尚、袁譚退到黎陽。建安八年二月，曹軍拿下黎陽，袁軍戰敗，袁尚、袁譚棄城逃鄴，曹軍占領黎陽。四月，曹操進軍鄴城，袁軍乘機發起反擊，曹軍吃了敗仗。就在曹操準備重整旗鼓再次攻打二袁時，郭嘉再次作出了判斷。

郭嘉說：「袁紹愛此二子，莫適立也。有郭圖、逢紀為之謀臣，必交鬥其間，還相離也。急之則相持，緩之而後爭心生。不如南向荊州，若征劉表者，以待其變；變成而後擊之，可一舉定也。」郭嘉此時對當時的局勢進行了分析，他認為：袁譚、袁尚素來不和，遲早會反目。如果此時攻打他們，只會讓他們團結一致對抗曹軍。不如先去攻打劉表，等待他倆反目，鷸蚌相爭，漁翁得利，等兩人內鬥完再來收拾他們。曹操十分贊同，於是南征。不久，二袁果然反目，袁譚被擊敗走保平原。曹操輕而易舉地分別擊破了袁尚、袁譚。經此一仗，郭嘉被封為洧陽亭侯。

袁尚兵敗逃入烏桓，很多人都說：「袁尚現在已經是喪家之犬，烏桓都是關外夷人，這些人貪婪不義是不會支持他的。如果我們此時進軍烏桓，劉備一定會慫恿劉表攻打許都，若真如此，應當如何是好？」但郭嘉不這樣認為，他的觀點是：「關外胡人認為自己地處偏遠，一定會疏於防範，此時攻打一定能將他們消滅。袁紹曾對他們有恩，如果讓袁尚進入到那裡，遲早是個隱患。若此時去攻打南方，袁尚說不定會利用袁家的影響力鼓吹胡人攻打我們，那我們後方就不安穩了。而劉表那一方，他自己知道能力不如劉備，對劉備還是心存戒備。他不知道該如何對待劉備，重用劉備害怕以後不能控制他，但太輕的任用又會使劉備不能為其所用，他們二人各有各的心思，不一定會來攻打我們。與其這樣，不如攻打烏桓，一勞永逸，就再也沒有後患了。」曹操聽從了郭嘉的建議，決定攻打烏桓。曹操西擊烏桓，路途上，其他謀士見進軍環境太差了，風大沙狂、道路崎嶇，人馬很難前行，都勸曹操撤兵。只有郭嘉堅持進軍，並說：「兵貴神速。今千里襲人，輜重多而難以趨利，不如輕兵兼道以出，掩其不備。」於是曹操命軍隊拋棄無用的行李，輕裝前進。在白狼山遇到了袁熙、袁尚會合蹋頓等敵軍，雙方免不了一場惡戰。由於曹操軍隊早有準備，而敵軍倉惶應戰，曹操大獲全勝。經此一戰，蹋頓被斬，其餘將領都投降了曹操，袁熙、袁尚敗投遼東。這場勝利中，郭嘉的高明之處在於堅持前行。但我個人認為，其實郭嘉只是順從了曹操的意思，為什麼他知道曹操此時斷不會撤兵？

曹操西擊烏桓發生在建安十二年，此時各方力量是怎樣一個對比？劉備當時還算不上有勢力，還在尋求劉表的庇護，就是其日後依仗的諸葛亮，在此之前還沒顯露頭角；孫吳方面，雖然自興平二年起，孫策從袁術處借兵渡江征討江東，至建安五年，孫策已盡得江東之地，成為割據一方的豪強，但應驗了郭嘉的判斷「必死於匹夫之手」；原來的第一勢力袁紹，也已經被曹操消滅得差不多，只剩下袁熙、袁尚部分殘兵。因此，滅袁消除了曹操在北方最大的威脅，北方只剩下荊州劉氏，以曹操的雄心而言，這一步無論如何都會走的。

前面郭嘉在建議曹操攻打烏桓時的分析，與其說是建議，不如說是在為曹操的決策提供依據，因此，曹操並不是採納了郭嘉的建議，而是根據郭嘉的分析堅定了自己攻打烏桓的想法。大軍已經出發了，走到半路上因為路途艱難而折返，這像是曹操的性格嗎？當然不是。郭嘉深知曹操不可能因此撤兵，此時郭嘉做了一個謀士應該做的事情：想辦法把問題解決。其實這是謀士的價值所在，對曹操而言，他不需要一個人來告訴他該不該做，只希望他的謀士能分析他該如何做？因此，郭嘉不提問題，只給解決方案。事實上，這也是曹操為什麼特別欣賞郭嘉的原因，因為郭嘉就是幫助自己解決問題的人，不像其他謀士只會在那裡說「問題」，故曹操稱讚郭嘉「難奉孝為能知孤意」。郭嘉不僅知道曹操的心思，他更知道對手的心思。

袁熙、袁尚敗投遼東，這回曹操卻沒有如先前那樣窮追猛打，而是在冀州按兵不動。曹操手下大將夏侯惇、張遼建議：「如果我們此時不攻打遼東，可以先回許都，以防止劉表生心。」曹操卻道：「等二袁的首級到了，我們馬上回兵許都。」眾人都暗笑。直到有人傳報遼東公孫康遣人送袁熙、袁尚首級來了，大家才大吃一驚。曹操大喜：「果然不出郭嘉所料！」接著拿出郭嘉的遺書給大家看。

郭嘉在信上說：「今聞袁熙、袁尚往投遼東，明公切不可加兵。公孫康久怕袁氏吞併，二袁往投必疑。若以兵擊之，必並力迎敵，急不可下，若緩之，公孫康、袁氏勢必相圖，其勢然也。」原來曹操在冀州按兵不動是聽取了郭嘉的建議。郭嘉分析公孫康推託有病不見他們，推斷公孫康必定不會收留二袁。他一定擔心日後二袁緩過氣來併吞自己，又擔心曹操帶兵攻打遼東，所以才暫時收留二袁，如果曹操打來就讓他們去打頭陣。因此，郭嘉建議曹操不要攻打遼東，這樣公孫康就會重新評估二袁。留著早晚是個禍害，且曹操不來攻打自己，二人就一點用處都沒有了。與其留著這個禍害，不如做個順水人情，把二人殺了，說不定還解了遼東之圍。公孫康於是召見二袁，預先埋伏好的殺手砍下二袁之頭，裝在木匣中送給曹操。可惜，郭嘉雖然算無遺策，但此時只能用「遺書」來為自己的明主效最後一次力。

建安十二年（公元二〇七年），郭嘉在北征途中生病了。病重期間，曹操不斷派人探視，「問疾者交錯」，真可謂心急如焚。但病魔卻沒有給這個聰明的人機會，年僅三十八歲的郭嘉在回師不久便逝世了。得知郭嘉去世的消息，曹操痛哭不已，遂表告天下：「軍祭酒郭嘉，自從征伐，十有一年。每有大議，臨敵制變。臣策未決，嘉輒成之。平定天下，謀功為高。不幸短命，事業未終。追思嘉勳，實不可忘。可增邑八百戶，並前千戶。」於是上表謚郭嘉為貞侯，其子郭奕嗣。

年輕又有智慧的郭嘉就這樣走了，走得如此突然，如此無奈，甚至還沒來得及與三國中重要人物諸葛亮對上一陣，沒來得及看到一心輔佐的明主曹操三分天下而得其一，沒來得及……就走了，就這樣悄然逝去！壯志未酬縱然令人扼腕，但短暫的十一年，足以使其奪目的光芒劃過歷史的天際！

深入解析

「得郭嘉者可定天下」，這句話是對郭嘉最好的讚揚。郭嘉無疑是成功的，但他成功的原因是什麼？

首先，是他跟對了人，用他的話來說就是「夫智者審於量主」，因此才「百舉百全而功名立」。選擇跟隨誰，這是郭嘉在出山之前做的最重要的工作。

透過長時間研究，他對當時的各路英雄進行深入而透澈的研究，這顯然和目前許多人盲目就業，不懂對工作環境、職業前景等職涯發展參數進行研究的行為大不相同。最終郭嘉得出了「十勝說」，這不僅僅是一個總結，也是一份教導後世如何選擇跟隨好主管的「指南」。做對事前請先跟對人，郭嘉的成功向我們昭示了一條生存法則：**跟對人才會走對路**！

其次，是郭嘉善於把握別人心理並將其為己所用。綜觀郭嘉的一系列謀略：攻打袁紹時，他先是利用了「紹性遲而多疑」而攻打了劉備，並預測孫策必死於非命；官渡一戰後，他又是利用袁尚、袁譚的不合坐收漁翁之利；袁熙、袁尚往投遼東之後，郭嘉又略施小計，使得公孫康自動將他二人人頭奉上。在對敵戰爭上，在對待自己的上級曹操時，郭嘉總是能很好地理解曹操的真實意圖，正如攻打烏桓一事的表現。郭嘉大部分的功績都建立在洞悉他人內心世界的基礎上。老話一句：知己知彼，百戰不殆。所謂知彼，其實很簡單，就是能為其行為找到一個能夠說服自己的理由。而要找到這個理由，需要我們多留心對方的性格特點和所處環境。這為我們昭示了一條生存法則：**多了解別人對自己沒有壞處！**

未被封侯的李廣

「想我少年從軍，一生與匈奴交手七十餘次，如今有機會同單于直面沙場，可偏被調去側面進攻，卻又迷失道路，難道這是天意嗎？如今我已六十多歲了，不能再受那些刀筆吏的侮辱。」語畢，拔刀自刎。自殺者，為西漢著名軍事將領——李廣。李廣一生戎馬戍邊、馳騁疆場，但終其一生「官不過九卿」，且落個刎頸自殺的結局。一代名將竟落得如此下場？

「君不見沙場征戰苦，至今猶憶李將軍」詩中所讚揚的正是漢朝飛將軍李廣。飛將軍李廣不僅有讚美詩，更有「李廣不封侯，古往今來同一哭」、「自嘆馬卿常帶疾，還嗟李廣不封侯」這樣的同情之作。王勃在〈滕王閣序〉中一句「馮唐易老，李廣難封」，更是刻劃出了李廣的懷才不遇。

李廣的祖先是秦朝將軍李信，曾大破燕太子丹。李廣有套家傳的「武功祕籍」，因而射得一手好箭法。提起李廣的箭法，不得不說一個故事。據說有一次，李廣在外面打獵，看到草叢中有個黑影，「看見黑影就開弓」，搭弓射箭，正中目標。等走過去一看，才發現是顆石頭，整個箭頭都射進了石頭裡。《水滸傳》中有位善射的名將花榮，綽號「小李廣」，可見「李廣」在中國就是神射手的代名詞。

李廣戎馬一生，被匈奴人畏稱「飛將軍」，曾先後輔佐過漢文、景、武三朝，卻終生未封侯。比他晚從軍的衛青以及更晚輩的霍去病都封了侯，甚至李廣的手下都封了侯。在漢朝將軍中，即便李廣不是最出色的，也算小有名氣，但為什麼飛將軍從未被封侯呢？難道真如漢文帝所說：「惜乎，子不遇時！如令子當高帝時，萬戶侯豈足道哉？」或者應了詩人王維的那句：「衛青不敗乃天幸，李廣無封緣數奇。」

先說說漢文帝的時候，李廣為何未被封侯。漢文帝說李廣：「惜乎，子不遇時！」不是毫無道理的，這句話也反映出李廣的才能與領導者用人思路相衝突。漢文帝是漢朝的第五代統治者，前幾任應該沒給他留下一個好攤子，尤其是經歷了呂氏一門「禍害」後，漢朝更是需要休生養息。同時漢文帝劉恆性格「賢智溫良」，又尊崇道家思想，貫徹和延續無為而治的統治思想。對內繼續執行與民休息和輕徭薄賦的政策，迅速恢復與發展農業生產；對外漢文帝主張「和」，對南越王趙佗實行安撫政策，對匈奴繼續實行和親政策。即便是匈奴三次侵犯漢境，也都只是被他派兵趕出了塞外而已。

一個人的發展是建立在平台之上的，而平台空間與平台締造者的思想有著密切關聯，李廣的能力與漢文帝所需要的不相符。所謂「學好文武藝，賣與帝王家」，而李廣無疑失去了漢文帝這個當時最大、唯一的買主，不得志也就不足為奇了。

漢景帝即位後，發生了吳楚七國之亂，李廣當時作為驍騎都尉，跟隨太尉周亞夫抗擊吳楚叛軍。因奪取叛軍帥旗而在昌邑城下立功顯名，但這一次功成並沒有讓李廣名就。原因是李廣接受了梁王私自授予他的將軍印。梁孝王是景帝的弟弟，兩人同為竇太后的兒子。梁孝王一開始為代王，後為淮陰王，最後才稱為梁王。而作為兩人的母親，竇太后比較喜歡梁孝王，一直希望景帝千秋萬歲之後能傳位於梁王。梁王有「作夢當皇上」的野心，就算一般的老百姓不知道，你一個正經「機關幹部」怎麼能一點「政治敏感性」都沒有呢？因此，從李廣接受梁孝王賜予的將軍大印起，其實也就自絕了景帝朝的封侯之路。雖然沒了封侯的指望，李廣在景帝時還有件值得一說的事情。

景帝時，一次李廣的手下路遇三名匈奴兵，十幾個騎兵卻讓三個匈奴兵給收拾了。隨從手下負傷跑回來通報。李廣一聽說此事，便根據自己多年經驗判斷出這三個人是匈奴的射鵰手，於是親率百名騎兵追趕。李廣追上這三人，親自射殺二人、生擒一人。正準備回去的時候，卻被匈奴數千名騎兵給包圍了。李廣說：「吾去大軍數十里，今如此以百騎走，匈奴追射我立盡。今我留，匈奴必以我為大軍之誘，必不敢擊我。」按現在的理解，李廣給匈奴人施了一招空城計，司馬懿都沒弄清楚，何況這些在草原上奔馳的莽漢。於是兜兜轉轉地圍著，最後也沒敢下手便撤退了，李廣因此第二天早上回到了部隊。

從李廣這兩個流傳最廣的故事裡，我們可以看出「名將」的風采，但這些只能勉強算是李廣的人生小插曲。無論是李廣率百騎從匈奴包圍圈中逃脫，還是個人單槍匹馬地逃脫，只能算是機智勇猛而已，對於整個漢朝——或者再具體一點，對平復匈奴的大計沒有任何建設意義。而李廣身為一軍之將，竟然置大軍於不顧，率百騎為追殺三名匈奴軍而遭大敵，險些被擒殺，顯然是犯了「個人英雄主義」，置全域不顧，算是將才而非帥才。

到了漢武帝的時候，漢武帝一改以往漢朝採取的防禦政策，轉取攻勢，多次進軍漠北，可以說李廣遇到了能夠一展抱負的「舞台」。但這齣戲李廣仍然沒有唱好，至少沒得到彩頭。箇中原因李廣自己也曾困惑。

《史記．李將軍列傳》中一段記載。李廣認識一個術士叫王朔，有一次李廣問他：「難道我的面相不該封侯嗎？這是我命中注定的嗎？」王朔就問李廣至今最悔恨的事是什麼，李廣說：「我擔任隴西太守的時候，有羌人叛亂，我誘降了他們，當時有八百多人都投降了，而後我又將他們都給處死了，這是我最悔恨的事。」王朔說：「沒有比殺害投降的無辜之人的罪過更大的了，這就是您不被封侯的原因。」筆者以為此原因並不充分。從做人的角度來看，李廣此舉應該被唾棄，但這不應是他未被封侯的原因。一將功成萬骨枯，且不說項羽殺害二十萬名投降的秦軍，照樣登上霸王寶座，就是同朝的衛青和霍去病，誰的手上不是沾滿敵人鮮血，不都照樣封侯？而且當時漢朝人民視周邊民族為野蠻人，誰會管李廣殺了多少野蠻人？

漢武帝是個很「實際」的人，雖然表面上看起來，漢武帝分封諸侯「無數」，但依然有據可依。庇蔭類：封建社會皇室血親及外戚等皆可封侯，亦可因父兄關係而被封侯，這是「祖宗的功德」，具有一定的政治意義，無法更動；榮譽類：一般是官位已經很高，沒有東西可賞賜了，就給個「榮譽頭銜」；貢獻類：張騫因知水道，擔當引導軍隊的嚮導及兩次出使西域，被封為博望侯；政治類：一般是給歸降或平定叛亂的人，武帝時有二十二人因投降漢朝而被封侯；最後是軍功類：這類和其他類不同，前面的不是靠努力就可以得到的，但這類就完全是靠自己的本事爭取。衛青、霍去病等都是因此而封侯。封侯在古代中國也算是政治交換，用封侯來籠絡人心、激勵士氣等。而李廣卻欠缺這種交換價值——沒有軍功。

據《漢書匈奴傳》記載：元光六年（公元前一二九年）衛青、公孫敖、公孫賀、李廣四人各帶一萬兵馬出征，值得一提的是這是衛青第一次任將出征。結果，公孫賀未遇敵，白跑一趟；衛青殺入龍城，斬敵七百；公孫敖損兵七千；而李廣剛出雁門關就被匈奴大軍包圍，還沒打到敵人就被俘虜。多虧當時匈奴單于十分「崇拜」李廣，命令手下：「得李廣必生致之。」所以沒有立刻讓人給砍頭了，而是先押送回營。後李廣憑藉自己的智慧和勇氣，在押送途中逃脫出來。元朔六年（公元前一二三年），李廣再為後將軍，跟隨大將軍衛青出兵定襄，攻打匈奴。

將軍多數因立功而被封侯，而李廣無功而返。讓人難以理解的是，這麼出名的飛將軍，偏偏沒有任何重大軍功，不是無功而返，就是被俘虜，好不容易跟張騫一起出去攻打匈奴，結果自己四千人讓人家四萬人給圍住了，四千軍隊全軍覆沒，後因功過相抵，勉強保住性命。打到後來，漢武帝都心灰意冷了，在漢匈戰爭中最為顯赫、最具有決定性的漠北之戰開打之前，漢武帝已經不準備讓李廣去了。據《史記．李將軍列傳》中記載：「廣數自請行。天子以為老，弗許。」一仗打得讓皇帝都沒有信心了，還能憑軍功封侯嗎？李廣死纏爛打，最後還是隨隊出征了。萬萬沒想到，此戰不僅斷絕了李廣的封侯希望，甚至賠上了自己的性命。

大軍出塞後，衛青命李廣的部隊與右將軍的部隊合併，從東邊走。李廣向衛青請求道：「我是前將軍，自然該打頭陣，您卻讓我走東路。我好不容易才有了面對單于的機會，我願意衝在前頭，先死於單于之手。」結果衛青沒有允許，李廣氣呼呼地回到自己的營帳，然後帶兵按東路而行。結果李廣的部隊迷失了方向，沒趕上與匈奴作戰。衛青雖然與匈奴主力接戰，但沒抓到單于，回師時遇上李廣。衛青要向武帝報告這次行動失敗的原因，他的長史（將軍身邊掌管文書的官吏）便問李廣為什麼沒有按原計畫到達？這才有了最開頭李廣自冽的一幕。

關於李廣迷路事件，《史記》的說法是：「軍亡導，或失道，後大將軍。」一個在大漠裡打了大半輩子的飛將軍，居然因迷路而延誤了戰機。其實迷路的不只是李廣的軍隊，更是他自己。縱觀武帝時的李廣，雖然有一個大好平台和機遇，但以打硬仗而聞名，令匈奴畏懼正面交鋒、被尊稱「漢之飛將軍」的李廣，居然沒有拿得出手的正經戰功，最後一戰甚至在大漠中轉起了圈圈。也許命運之神真的和他開了一個玩笑，但值得欣慰的是，「不教胡馬度陰山」的是他飛將軍李廣，他活在了後世之人的心中，或許這是給那些曾努力為國家、民族作出貢獻的人的一絲安慰吧！

深入解析

「不教胡馬度陰山」的李廣將軍，結果卻落個「還嗟李廣不封侯」的結局，這是一齣悲劇。雖然結局令人惋惜，但身處在相對昌盛、開明的「大漢王朝」

還落得如此下場，其間也有其必然的一面。

其實在漢景帝時，李廣曾經很有希望實現封侯的願望，可惜因接受了梁王私自授予的將軍印，從此自絕此路。李廣能打仗，而且打了勝仗，結果卻因一個看似不相干的事情而耽誤了前程，這個漢景帝是不是太霸道了？

其實不然，這個看似不相干的事情，其實是政治中的大事。因為是否和當權者站在同一個陣線，關係到了當權者是否可以放心讓他做事、放心給他做事機會的首要條件。沒有這個條件，就無法做出有成績的事情，沒有成績還談什麼晉升？「不求文章中天下，但求文章中考官」，別以為有成績就理所應當。很多時候，成績只是我們自己評價出來的，但這是不對的，說你行不行的是上司，他決定著成績有沒有、有多大。因此，一定要以評價者的角度去衡量價值。李廣在漢景帝時的落寞，為我們昭示了一條生存法則：**站對位置比做對事更重要**！

漢文帝說李廣：「惜乎，子不遇時！」那時漢文帝以文治國，因此，能讓身為武將的李廣表現的機會自然不多。到了漢武帝時，那是一個刀光血影的時代，李廣的機會來了，但遺憾的是他依然沒有被封侯。為什麼？原因很簡單：

沒成績。幾次大的戰役，不是讓人給俘虜了，就是慘敗，要不就是旅遊一圈回來了，實在沒有拿得出手的成績。最後甚至因為戰績太差而被一個掌管文書的官吏羞辱，才釀成李廣自殺的悲劇。李廣的結局向我們昭示了一條生存法則：

成績雖然無法決定一切，但卻是基礎！

傳奇一生薛仁貴

公元六四五年，唐太宗李世民御駕親征，帶領唐朝大軍攻打高麗。不料剛到安地就遭遇高麗軍，郎將劉君邛被高麗軍團團包圍。危機時刻，一人飛馬殺入陣中。此人身著白袍，手握方天畫戟，策馬向前。手斬賊將，將人頭懸掛於馬鞍之上，敵軍均被此舉震懾住了。來將一路前行，衝入敵群，所向披靡。唐太宗被眼前這員猛將吸引住了，忙問左右：「來者何人？」「薛仁貴是也！」唐朝知名武將薛仁貴就這樣展現在世人面前。

經安地一戰，薛仁貴得到了李世民的賞識，唐太宗對他說：「朕的這些將軍年事已高，最近正準備提拔一些驍勇善戰的人為將軍，但這些人都不如你。平定遼東之亂，都不如讓我得到你更值得高興。」當場加封其為右領軍郎將，從此薛仁貴開始了自己的傳奇經歷。

薛仁貴是名門將後，其六世祖是南北朝時期的著名將領薛安都。到他這一輩時，家道已然沒落，已與普通貧民無異。薛仁貴天生神力，勇猛過人。但這樣一位軍事天才的從軍之路，卻是因其妻柳氏的勸說而開始的。據史書記載，薛仁貴娶妻柳氏，以務農為生。薛仁貴本打算在家給祖先遷葬，柳氏卻對他說：「君盍圖功名以自顯？富貴還鄉，葬未晚！」妻子鼓勵他：先建功立業，光耀門楣，再為父母遷葬不遲。在妻子的勸說和鼓勵下，薛仁貴到張士貴處應募，被收為部屬。後唐太宗親征高麗，張士貴隨軍前往，這才有了前面白袍將薛仁貴勇冠三軍的故事。經此一戰，薛仁貴得到了太宗的賞識，被加封為右領軍郎將，但戰事過後回到京師，薛仁貴的主要職責是守衛玄武門。直到唐高宗繼位後，薛仁貴才迎來他的第二次機會。

一天夜裡，暴雨成災，引發山洪，大水沖到玄武門，守門的士兵大驚失色，四處逃命。薛仁貴怒道：「哪有天子有難，我們做臣子先逃跑的道理？」說罷，他開始高聲喊叫，向宮中告警。高宗被叫喊聲驚醒，跑到安全的地方才逃過此難。高宗事後說：「多虧了你的高呼，朕才沒有被洪水淹死，從這點可以看出你是忠臣啊。」

正所謂「板蕩識英雄」，亂，才有展示的機會。雖然此次沒有自己當年馬踏敵軍那樣威風，但同顯英雄本色。試問，如果薛仁貴如其他兵士一樣逃跑，可能也不會有太大問題。皇帝被淹死了，無非是新皇帝登基，自己照樣做自己的郎將，可薛仁貴沒有讓「機會」溜走。危機、危機，有危才有機，薛仁貴抓住了這個機會，他立了天大的功勞。是啊，在那個年代，有比救了皇帝一命更大的功勞嗎？正是薛仁貴臨危呼救，使得高宗得救，也使得自己迎來第二次事業高峰。當然，薛仁貴當時不可能想這麼多，怒斥和高聲預警都是本能的行為，卻正反映出其盡心盡責的處事態度，機會是留給準備好的人，這種態度正是最好的準備。薛仁貴救了高宗一命，高宗一直都沒有忘記，後來薛仁貴在征討吐蕃時，幾至全軍覆沒，薛仁貴也被吐蕃抓獲，後來雙方議和。依照唐朝的法律，薛仁貴是喪師重罪，應該是死罪，但高宗念及「當年九成宮遭水，如果沒有你，朕就被淹死了」，只將薛仁貴貶為庶人。征討吐蕃究竟發生了什麼，使得一代天才將領遭此慘敗？

公元六六三年，吐蕃進兵吐谷渾。本來這只是別人家的事，高宗可管可不管。但吐蕃又攻打了唐朝管轄的西域地區，致使「安西四鎮並廢」，這下高宗就非出手不可了。高宗任命薛仁貴為邏娑道行軍大總管，以阿史那道真、郭待封為副，領兵十多萬，迎戰吐蕃軍隊。軍隊到達前線後，薛仁貴準備進兵烏海。烏海在現在青海附近，可以想見當時環境有多惡劣，用薛仁貴的話來說：

「烏海地險而瘴，吾入死地，可謂危道！」薛仁貴知道烏海是死地，此行異常兇險。於是對兩位副將說：「這一仗一定要速戰速決，否則可能會失敗。大非嶺地勢寬平，可放置兩個柵欄，把糧草等物資放在這，留一萬人防守。其他人輕裝前進，趁敵人還沒有防備，一舉拿下。」當時副將郭待封自願留守，薛仁貴帶上人馬奔襲烏海。

戰局正如薛仁貴所料想的，自己輕裝前進，出乎敵人的意料，在半路上與吐蕃軍隊遭遇，薛仁貴大獲全勝。到了烏海後，薛仁貴派部隊前往郭待封處，迎接護送糧草到烏海。不料，郭待封不顧薛仁貴臨行前再三囑咐，擅自帶領運送糧草的隊伍前行，結果半路被吐蕃二十萬軍隊團團圍住，直使得「糧仗盡沒」。沒了糧草，這仗怎麼打？薛仁貴沒辦法，只得帶兵退回去。結果又遭遇吐蕃大軍，唐軍大敗，這也是薛仁貴此生最慘重的一場敗仗。兵敗後，薛仁貴被吐蕃俘獲，在沒有選擇的情況下，大唐只有與吐蕃議和。

議和之後，薛仁貴給自己上了枷鎖，以罪人的心態回長安向皇帝請罪。平心而論，此次兵敗責不在薛仁貴，是副將郭待封不按命令擅自行動才導致一系列的惡果。但薛仁貴沒有推卸責任，自己作為主將，自然所有的事情都和他有關係，顯示出了大將風範。

高宗又何嘗不知道是這樣呢？難道真的就因為薛仁貴救了自己而「徇私」嗎？作為君主，他斷不能如此。事實上，唐高宗接到戰報後，馬上就命大司憲樂彥瑋到軍中查核實情。他知道錯不在薛仁貴，更主要的是高宗需要薛仁貴繼續為自己效勞。因此，高宗從輕發落，將薛仁貴貶為庶人。薛仁貴的百姓生活沒過多久，上天就給了他東山再起的機會，高麗重起叛亂！抗擊外敵曾經給薛仁貴帶來了榮譽，也給自己帶來了嗜殺的名聲。當時究竟發生過什麼？

公元六五九年，薛仁貴與高麗軍隊激戰於橫山。在隨後的石城之戰中，高麗軍中一位弓箭手箭無虛發，唐軍無不應弦而倒。薛仁貴策馬撲殺，弓箭手嚇得還沒開拉弓弦就被薛仁貴生擒。

公元六六〇年，契丹聯合奚族共同反唐，薛仁貴帶領軍隊在黑山大敗契丹，並活捉了一千首領。

公元六六一年，鐵勒酋長夥同其他部落起兵犯境。據說鐵勒先是派出了數十名驍勇騎士試探，結果被薛仁貴三箭射死三人，心驚之餘，鐵勒人放棄抵抗，下馬投降。「將軍三箭定天山，壯士長歌入漢關」由此在唐軍中傳唱。此時，薛仁貴下了一道命令：「坑殺所有投降敵軍。」此舉引得已投降的鐵勒人四處逃散，薛仁貴帶人一路追擊，直至沒有再看到鐵勒人。「坑殺」事件給薛仁貴帶來了麻煩，回朝後，司憲大夫楊德裔彈劾：「誅殺已降，使虜逃散，不撫士卒，不計資糧，遂使骸骨蔽野，棄甲資寇。自聖朝開創以來，未有如今日之喪敗者。仁貴於所監臨，貪淫自恣，雖矜所得，不補所喪。」但高宗最終讓薛仁貴功過相抵，沒有處罰他。

公元六六六年，薛仁貴攻破高麗南蘇、木底、蒼岩三城，斬首五萬多人。後薛仁貴又率兩千餘人攻打扶餘城，殺敵又是過萬。薛仁貴殺得高麗餘部膽戰心驚，鬥志盡數喪失，望風而降，薛仁貴一路攻打一路收降，最終高麗投降了！雖然在驅趕外敵上薛仁貴軍功卓著，但一路的「坑殺」和「斬殺」卻給他帶來了「嗜殺」的名聲。

此次高麗叛亂，高宗任命薛仁貴為雞林道總管，重返遼東，他也由此再掌軍權。再次出山，薛仁貴威風不減當年，很快平定了高麗之亂。公元六八一年，薛仁貴轉任瓜州長史，不久又被授予右領軍衛將軍、檢校代州都督，攻打突厥。

突厥人在開打前詢問唐軍主將是誰，聽說是薛仁貴時，他們表示不相信。眾人都以為薛仁貴已經死了，死人怎麼能帶兵打仗呢？薛仁貴便脫下頭盔，讓對方看個清楚。突厥人確認來者真的是薛仁貴後，據史書記載：當即陣前「相顧失色」、「下馬列拜」。薛仁貴率軍追擊，大破敵軍，斬首萬餘級，俘獲兩萬人。久戰功名，敵人的下馬列拜就是對薛仁貴最高的讚賞。在正史的記載上，能做到這一點的，薛仁貴是獨一無二！敵人聞風喪膽是因薛仁貴「嗜殺」的聲名太響？難道「薛仁貴」三個字足以威懾一方？難道這是薛仁貴嗜殺成性的本意嗎？其實不然，薛仁貴與突厥人曾有個故事。

公元六五七年，西突厥經常襲擾大唐，唐高宗下定決心，要一舉摧毀西突厥的戰鬥力。於是任命蘇定方為主將，開始了征討西突厥汗國的征程。過程已經不重要了，結果是唐軍打敗了西突厥阿史那賀魯，並俘獲了被其關押的泥熟部落的人質。

根據當時遊牧部落的規矩，如果某一部落臣服於對手，要「常歲輸牛馬羊，過時不具，輒虜其妻子」。這些被關押的人，就是泥熟部落因沒有按時繳納常歲而被抓的人質。這些人現在落入唐軍的手中，按律應該淪為賤民。此時薛仁貴上書：「泥熟部素不伏賀魯，為賀魯所破，虜其妻子。今唐有破賀魯諸部得其妻子者，宜歸之……」薛仁貴認為：泥熟部落和賀魯之間的恩怨，大唐不應該參與進來。現在唐軍得到了泥熟部落的人質，應該把他們歸還給泥熟部落。

此舉實在高明！敵人的敵人就是朋友，薛仁貴建議釋放人質，實際就是將泥熟部落團結在我方戰線上。於是高宗「厚加賚遣」泥熟部落人質，結果也正如薛仁貴所預想的，「泥熟喜，請從軍共擊賀魯」、「則其人致死，不遺力矣」。泥熟部落不僅主動要求共同參與抗擊賀魯，而且個個全力以赴！薛仁貴的如意算盤當然沒有打錯，泥熟部落與賀魯雖無國仇但有家恨，以前打不過他，現在有了唐軍這個大盟友，還不趕緊報仇？在泥熟部落的幫助下，大唐很快確立了對西域的有效統治，把這片廣袤土地變成了中國的遊牧區。

因此，公元六八一年，突厥人聞聽薛仁貴至此，想必不是因懼怕而列拜，要知道突厥人也是以驍勇善戰聞名，豈會因害怕而在戰前列拜敵軍主將呢？但令人想不通的是，此次薛仁貴的態度為何來了個一百八十度大轉彎，率軍追擊大破敵軍呢？這和六六一年薛仁貴面對已經跪服的鐵勒人為何如此相像？

六五七年至六六一年，短短四年的時間，其中發生了什麼事導致薛仁貴性格大變？更令人想不通的是，六六六年薛仁貴大破高麗國後，曾被高宗任命為右威衛大將軍，封平陽郡公，兼安東都護，開始率兵鎮守平壤。史書上記載他任安東都護期間，撫愛孤幼，贍養老人，懲治盜賊，擢拔賢良，褒揚節義之士，當地士民安居樂業。這樣一尊殺神又成了活菩薩！

一切都還沒來得及解答，公元六八三年，薛仁貴去世了。享壽七十歲的薛仁貴，歷經太宗、高宗數朝，鎮守邊關幾十年。史書上稱其：「氣豪邁，不肯事產利，以膂力騎射自將！」這樣一員猛將，在辭世後獲左驍衛大將軍、幽州都督，乙太保身分光榮下葬。在《舊唐書．薛仁貴列傳》中記載了薛仁貴在贏得金山之戰勝利後，唐高宗的手敕嘉獎：「身先士卒，奮不顧命，左衝右擊，所向無前，諸軍賈勇，致斯克捷。宜善建功業，全此令名也。」筆者認為，如此概論薛仁貴的一生十分恰當。

深入解析

在傳統曲藝中，關於薛仁貴的劇碼往往會冠以《薛仁貴傳奇》這樣的名字，從文章中可以看出，薛仁貴的一生確實擔當得起「傳奇」二字。

先說說薛仁貴是怎麼入局的。薛仁貴入局分為兩次，一次是亮相，一次是得識。亮相那次，是公元六四五年唐太宗李世民在安地遇險，要不是薛仁貴，恐怕李世民再也回不來了。雖然當時李世民對他的評價很高，但只是把薛仁貴留在身邊做護衛，薛仁貴還沒有得以重用。但他因此進入了權力的核心，能夠有機會被皇帝賞識。後玄武門發大水，差點淹死高宗。薛仁貴臨危不亂，高聲示警，因此，他成了高宗的救命恩人。薛仁貴這兩次出場都是危機時刻，不是身陷敵軍保衛就是大水來臨，每次都是危機重重，但每次危機也都為薛仁貴帶來了希望。薛仁貴成長的第一步，為我們昭示了一條生存法則：**危機即轉機**！

薛仁貴是有名的戰將，自然打過不少勝仗，更有許多令敵人聞風喪膽的戰例。但他即使戰功無數、勇猛過人，卻未曾得到別人的尊重，敵人對他只有懼怕而沒有敬畏。因此，即便他有個「嗜殺」的惡名，敵人與他相遇時也只會比以往更加賣力地拚殺，因為他們知道一旦戰敗，嗜殺的薛仁貴絕不會給他們活命的機會。但一件在當時也許微不足道的小事發生了：薛仁貴釋放了泥熟部落的人質。正是這件在薛仁貴看來不值一提的小事，卻為他贏得了中國歷史上有史書記載的、獨一無二的敵人列隊下拜的榮耀。這樣的榮耀為我們昭示了一條生存法則：**仁慈的心比拳頭更強大**！

絕不混混的李衛

「嘉許之懷，筆莫能罄……非深悉朕衷，毫不瞻顧，安肯毅然直陳。」這是雍正帝對他的評價。「才猷幹練，實心辦事，宣力封疆，無少瞻顧，畿輔重地，正資料理……今聞溘逝，深為悼念。」這是他死後乾隆帝對他的評價。他就是李衛。

隨著電視劇《雍正皇帝》和《李衛當官》的開播，李衛這個乞丐出身、目不識丁且一口一個「呀呀個呸」的小混混，走進大家的視線。歷史上確有李衛此人，但他其實不是乞丐，相反，李衛家境十分富裕。他也不是雍正買來的王府奴才，根據《清史稿．李衛傳》記載，李衛是「入貲為員外郎」。這是什麼意思？即花錢買來的官。在封建朝代，官是可以買的，李衛的官最初就是用買的。但買來的官可不比正經功名得來的官，大多是個閒職，有時還得候補，要等哪裡缺人了才會給你派個官。可憑藉這麼不入流的捐官，李衛居然能平步青雲，成為雍正朝的紅人，且被譽為雍正朝「官員楷模」，李衛的故事值得玩味。

康熙五十六年，李衛出任兵部員外郎，兩年後又任戶部郎中。雍正即位後，於康熙六十一年底任命他為雲南鹽驛道，次年擢升為布政使，掌管朝廷重要稅源的鹽務。雍正三年（公元一七二五年）擢升為浙江巡撫兼理兩浙鹽政。雍正五年，李衛「尋授浙江總督，管巡撫事」；翌年，朝廷又以「江南多盜」，而地方官以「非戢盜之才」為由，命李衛統管江南七府五州盜案，「將吏聽節制」。雍正七年，李衛被加封為兵部尚書、太子太傅。雍正十年又內召署理刑部尚書，尋授直隸總督，直至辭世。乾隆三年（公元一七三八年）八月，李衛突發肝病過世。

雍正皇帝非常賞識李衛，甚至曾在奏折上批道：「天下督撫與朕心關切者，鄂爾泰、田文鏡、李衛三人耳。」雍正七年，雍正下旨命李衛與田文鏡將各自為官經驗編撰成書，親題書名《欽頒州縣事宜》，頒發各地學習，一時間全國上下「學習李衛好榜樣」。乾隆五年，乾隆批准直隸總督孫嘉淦的奏請，將李衛祀入直隸名宦祠，後祀入京師賢良祠。

後世評價李衛時大多把其功績與雍正的大力支持聯繫在一起，認為正因為他得寵，所以才取得了那麼多的榮譽。但筆者認為，應該是李衛先取得了功績，後才能得到雍正的寵信。舉個例子，李衛在浙江任上籌劃一件大事：開發溫州府樂清縣以東海面的玉環島。於是上了一道奏折，並建議在島上設營增兵，以防緝外洋盜匪。為防止開拓者中混進「奸徒」，以及將來墾熟後有私人販米出洋，他還提出了一系列強化管理的方案。雍正帝看後十分讚賞，在奏折上批道：「此籌是，覽而不嘉悅者，除非呆皇帝也。」李衛做事在先，而雍正高興在後，可見李衛是因做事才得的寵信。那麼李衛究竟還做了哪些事情，才深得雍正的賞識？

首先我們來探討一個問題：李衛一個捐來的官，如何被雍正發現的？據《清史稿．李衛傳》記載：「入貲為員外郎，補兵部。康熙五十八年，遷戶部郎中。」意思是，李衛花錢捐了個官，先是在兵部上班，後來調到戶部去了。戶部即現在的財政部，負責管理財務的。

據《小倉山房文集》記載，李衛在戶部供職期間做了一件讓當時還是雍親王的胤禛刮目相看的事。當時有個親王，每收錢糧一千兩就額外再收平餘十兩。李衛認為此舉不當，於是多次建議這位親王不要收這麼多，可人家是親王，怎麼會理他一個捐官？李衛來了脾氣，在走廊裡放了一個櫃子，寫著「某王贏錢」，意思是這個櫃子裝著親王多收的錢。親王很難堪，只好停止多收。

雍親王因此知道了有李衛這個人，也開始留意他，這為李衛日後被雍正重用埋下伏筆。

有人認為正是這件事情，讓雍正認為李衛「勇敢任事」，所以才有了後來的逐步擢升。「勇敢任事」自不必多說，但這件事情真正讓雍正感到滿意的還不只這些。此處有件事還需要再分析一下，為什麼一個親王會害怕李衛在走廊裡放的櫃子？他一個親王，隨便指示誰都能把櫃子撤走，想怎麼處置李衛都可以，李衛當時不過是水缸裡的泥鰍，能掀起那麼大的浪嗎？實際上，李衛的浪確實是掀起來了，把一王爺逼得灰頭土臉。這裡要分析一下此事所處的背景。

康熙晚年，眾所周知朝廷已經沒什麼家底，所以才有當時的雍親王胤禛追繳虧空的事情，胤禛正是因追繳虧空工作中的出色表現而深得康熙賞識，最後成為雍正帝。雍正登基後，最先解決的也是國庫空虛問題。

他實施了一項新的政策——「火耗歸公」。這個「火耗」是因為當時稅收的貨幣是銀子，但各家各戶收上來的銀子都是小額的一兩、二兩。但進了國庫不能都是小塊銀子，要先把小銀子融化，重新做成銀錠。在這個過程中有損耗的銀子便稱為「火耗」。因此，各家各戶在交稅時，要把這個火耗一併交上，比如該收十兩，但要交火耗，就得多交一些銀子做火耗。但火耗定為多少，權力在各地方官員手中。很多官員就盯上了這個火耗，往往置國家規定於不顧，不按照標準收取火耗，而是自定標準，這樣多收的火耗就成了各地方官員的小金庫了。雍正還是親王時便對這個火耗極為不滿，認為這是官員營私的重要手段，曾多次向康熙建議「火耗歸公」。雍正登基後就把這個火耗給收上來了，即火耗不再由地方自由處理，而統一到中央財政裡。

那個親王多收的「平餘十兩」就是火耗，這個標準是這個親王自己定的，遠遠高於國家規定。當時雍正雖然還是親王，但他聖眷正隆，又主管虧空追繳等國家財政事宜，這個大環境已經定義了「平餘十兩」是個小辮子，弄不好就是大事情。那位收錢的親王自然知道，怕事情鬧大給自己招來麻煩，才會讓李衛給收拾了。李衛的事讓胤禎給知道了，此舉對了自己脾氣，不難理解後來的雍正帝為何賞識李衛。瞧，這不就是李衛做事在先，雍正賞識在後嗎？因「火耗」事件，李衛得到了雍正的賞識，所以雍正登基後，便任命李衛為雲南鹽驛道。這一去，使得李衛在官場中嶄露頭角，也使李衛一生的榮辱都與「鹽」掛上鉤。「鹽」與李衛究竟有哪些故事？

在封建年代，鹽作為人民日常生活的必需品，處於國家策略物資的地位。同時，鹽稅是封建王朝的重要稅源之一，在清前期財政收入中，鹽稅是僅次於田賦的第二大收入。但康熙晚年鹽政弊端叢生，尤以雲南鹽政為重。

刑科給事中趙殿最曾上奏折說：「天下鹽政之弊，未有勝於雲南者也。」官員利用職權營私舞弊，雲南鹽道金起復任職四年，貪汙鹽銀十萬餘兩。雍正登基後，希望能整頓雲南鹽政，故派了李衛去任雲南鹽驛道，主管雲南鹽政。據說剛開始李衛不願意去那麼遠的地方，雍正還親自說服：「朕新政，萬里外邊疆重地，無信任的人委派，你千萬不能推辭！」

雍正都這樣說了，李衛自然無法再推辭，便動身前往雲南。一到任就由吏治著手，整頓鹽務。首先得解決以前的爛帳，於是李衛就清理虧空。前任鹽道沈元佐虧空十一萬九千餘兩，令已查出有貪汙行為的各官分攤此銀；原巡撫甘國壁私自挪動鹽課，令仍在雲南的甘國壁的兒子替父還債；陸應裁為拜謝上司，挪動的六百兩鹽稅也勒令分文不少予以歸還。李衛的整治收到了良好成果，就任八個月後，雲南鹽政由虧空變為盈餘三萬餘兩。這樣的政績如果哪個皇帝看到還不滿意，就真如雍正所言是個「呆皇帝」了。

雍正二年，雲南鹽務已頗有頭緒，虧空陸續補完。李衛這回做事不僅取得了雍正想要的結果，更難能可貴的是，其行事方式也是雍正喜歡的。康熙皇帝去世剛滿一個月時，雍正便下令全面清查虧空錢糧。他下達全面清查虧空錢糧的命令，讓各地嚴格執行，並責令所有虧空須於三年內全數補齊，不許派於民間。李衛的行事手段與雍正如出一轍，難怪雍正如此喜歡他。

第二年三月，李衛擢升為布政使，掌管朝廷重要稅源的鹽務，表現了雍正對其治鹽的肯定，而李衛也因此進一步得到雍正的寵信，瞧，還是李衛做事在先，雍正賞識在後。這次賞識為李衛得來的是：雍正三年，擢升為浙江巡撫兼理兩浙鹽政。李衛雖說升了官，但依然是管理鹽政，只是工作重點不同了。

政府為了增加稅收，規定食鹽不得私賣，而官鹽價格卻高達成本的三十倍，私鹽便在如此情況下興起。浙江的私鹽尤其猖獗，甚至導致上海官鹽「片鹽不銷」。私鹽的氾濫，不僅影響政府的財政收入，社會治安也受到了影響。由於販賣私鹽的都是具有一定黑社會性質的組織——即當時的江湖幫派，哪朝政府也不允許這樣的「小朝廷」存在。同時，食鹽作為生活必需品，國家對其的控制也是為了防止造反等危害社會活動的一種手段，如同封建社會對礦產、兵器、冶煉等行業進行控制，道理是一樣的。

要改變浙江私鹽氾濫的狀況，當務之急就是緝私。李衛從產、運、銷、管四個環節採取了有力的堵私措施。第一，設立專門的道員專門署理緝拿私販，避免了緝私工作的踢皮球和三不管局面；第二，提高了場官（鹽場的主管）的地位，因為功名的約束，同時賞罰分明，查明不稱職者永不錄用，避免了場官收受賄賂、管理廢弛；第三，保證官鹽的銷路，設立巡鹽千總專司緝私，嚴堵流入浙鹽行銷地蘇、松、嘉、常四府的兩淮私鹽；第四，實施政府採購，由官府出資將產鹽盡數收買，再由商人認領引數，轉銷城鄉各地；第五，為降低官鹽價格，鼓勵灶戶並灶煎鹽，在灶地上同樣推行攤丁入畝的賦役改革。經過李衛的努力，到雍正七年時，浙江鹽政出現了「食官鹽者多，食私鹽者少」的局面。李衛又做了一件漂亮事，再次得到雍正的賞識。為何會得到賞識？難道僅僅是因為鹽政工作表現亮眼嗎？當然不是。

這次李衛得到賞識，不僅因為其鹽政工作出色，更是因為李衛深入貫徹執行雍正新政「攤丁入畝」。「攤丁入畝」是雍正登基後推行的新政，將原來的稅賦按人頭計算改為按土地多寡計算，這樣避免了沒土地等生產資源的貧民還要繳納高額稅賦，而地主階級卻繳納很少稅賦的情況。

李衛來浙前，「攤丁入畝」政策由於鄉紳的竭力反對，而一直沒有執行下去。李衛到任後，果斷平息此事，對鬧事之人嚴令鎮壓，明確表明支持均攤，使拖延已久的改革得以順利進行。與「火耗歸公」類似，這一次李衛又毫不猶豫地站在了雍正這一邊。雍正剛剛登基，關於他的即位合法性等問題一直風風雨雨，連帝位可以說都還沒穩。這時李衛不是只對皇帝歌功頌德，而是用行動證明了對雍正的支持和擁護，這也是李衛在短短幾年間能夠一路扶搖直上的原因。雍正七年，李衛被加封為兵部尚書、太子太傅，雍正十年，又內召署理刑部尚書，尋授直隸總督。

做了直隸總督，和鹽打交道的時候不多了，但李衛在任上依然是功績斐然。雍正十一年，李衛參彈大學士鄂爾泰的弟弟、戶部上疏署步軍統領鄂爾奇挾詐欺公、紊秩擾民等罪狀。乾隆二年，誠親王護衛庫克與安州人民爭墾瀦龍河兩岸淤地，李衛奏請查究。乾隆帝以李衛秉公執法，賞賜四團龍補服。乾隆三年，李衛彈劾北河河道總督朱藻貪劣，以及其弟廣寧知縣朱蘅挾制地方官干擾賑務。

李衛在直隸總督的位置上做了六年，看似沒有在雲南和浙江時那麼轟轟烈烈，實際上正和了雍正和乾隆兩位皇帝的心意。為什麼？因為當時兩位皇帝在做的是「整頓吏治」的大文章，而此時李衛彈劾大臣，正對了這篇文章的題目。李衛若非突然因病辭世，恐怕還會有一番更大的作為。乾隆三年八月，李衛在隨皇帝拜謁泰陵時突發肝病。十月，乾隆帝允准李衛解任調養。李衛未及還鄉即吐血身亡，年五十三歲。

李衛去世後，謚號「敏達」，這個謚號可說很好地概括了李衛的一生。他不是電視螢幕中那個「混混」，相反，十分機敏練達。憑藉在「火耗歸公」、「整理鹽政」、「攤丁入畝」、「吏治整治」等雍正朝幾項重大改革中的出色表現，贏得了雍正的賞識、官場上的榮耀和百姓中的聲名。

「爾為人剛直，居心菈事，忠誠勤敏，朕所深知。覽所奏數折，實一片血誠，毫無顧忌。且其中分析款項，井井有條，甚屬可嘉，殊不負朕一番識拔也！」這是雍正在李衛剛到雲南上任時的奏折的批覆，縱觀李衛一生，這句評語同樣適合用來評價他的一生！

深入解析

李衛沒有官宦的背景，沒有「四爺府潛邸奴才」的特殊關係，卻憑藉自己的一番努力，平步青雲，紅極雍正、乾隆兩朝，這不能不說是一個典型的草根成功的例子。縱觀李衛官場一路走來，不難發現其成功的路線圖。

「有位才有為」還是「有為才有位」，這是個問題。對於草根李衛而言，他沒有選擇，只有先有為後有位這一條路可走，其實這也是很多職場中人的唯一路徑。和上司有某種特殊關係，手中掌握一些特殊的資源等，確實在現實的職場中為一部分人的平步青雲創造了條件。但這個條件並不是每個人都擁有的，大多數人都沒有這個條件，但不能因此放棄那條向上的路。有條件要向上，沒有條件就創造條件。怎麼創造條件？不斷地做出成績。李衛就是憑藉不斷地做出成績才為雍正所器重，才得以平步青雲，成為雍正朝「官員楷模」。李衛的成功為我們昭示了一條生存法則：**是金子，首先得閃現你的光！**

誰都想做出成績給主管看，但為什麼有的人做出的成績卻總是無法讓主管看見？因為有太多的「金子」在向主管發光，主管無法一一看到，因此，不僅要發光，還要發讓能夠讓主管看見的光。人只對自己感興趣的事情感興趣。這話可能聽起來拗口，道理卻很簡單。餓的人不會有心思去欣賞一幅油畫，因此，給賣火柴的小女孩一幅畢卡索的畫沒有任何意義，也不會提起她的興趣。同樣的道理，主管每天面對很多人、很多事、很多成績，他更關心的是他應該關心的事情，這個應該關心的事情就是主管的思路。為什麼李衛做任何事雍正都知道？這是因為李衛所做的事都是雍正所關注的事。李衛不僅做事，更會把主管關注的事情做好，他的成功昭示了另外一條生存法則：**明白主管思路比埋頭苦幹更重要！**

幻夢一場話和坤

「五十年來夢幻真，今朝撒手謝紅塵。他時水泛含龍日，認取香菸是後身。」看著懸掛於房梁之上的白綾，幾十年的過往在眼前重播。他嘆息道：「該來的總還是來了。」語畢，懸梁自盡。一個曾經權傾朝野，被英國使節稱為「二皇帝」的人，就這樣落寞地結束了自己的一生。他就是和珅。

和珅，乾隆四十年（公元一七七五年）為乾隆發現並賞識，而後不到一年的時間裡，他接連升為戶部侍郎兼軍機大臣，兼內務府大臣、兼步軍統領、兼北京崇文門稅務監督。四年後，他從戶部侍郎升為尚書，內務府大臣之上加銜領侍衛內大臣，軍機大臣之上加議政大臣、御前大臣，兼理藩院尚書，兼四庫全書館正總裁。而後先後再兼兵部尚書頭銜，外加管理戶部三庫，一等男爵，任戶部、吏部兩尚書，由協辦大學士升為文華殿大學士，三等伯爵，刑部管部大臣，兼戶部管部大臣，公爵。據史書記載，和珅出生於公元一七五〇年，於一七九九年被捕入獄，四十九年間，有留下紀錄的重大升遷多達四十七次。比升官封爵更榮耀的是，乾隆皇帝把和孝公主許配給和珅之子，君臣二人結成兒女親家。雖然和珅最終因貪汙而為嘉慶帝所殺，但縱觀和珅一生，家世低微的他不過文秀才出身，稍通文墨，卻一路青雲直上，其中有許多值得玩味之處。

和珅是滿洲正紅旗人，鈕祜祿氏。其祖先屢立軍功，但他年幼時，家道已經衰敗。和珅年少時的事情，很少為後世提起，偶爾有人提起也都是說他不學無術，其實不然。和珅三歲喪母，九歲喪父，雖然父親還有其他妾室，但可想而知，畢竟不是親生的，可以說是無父無母，祖母不親，舅舅不愛。從九歲開始，不僅要獨立生活，還一手將小自己三歲的弟弟和琳帶大。幸虧憑藉祖蔭，作為八旗子弟的他在父親去世前有機會入官學讀書。官學裡「藏龍臥虎」，隨便哪個王孫貴冑抬抬腳面都比和珅高。小小年紀的他看慣白眼冷落，嘗盡世態炎涼，認為只有考取功名才能讓自己出人頭地，讓自己和弟弟過上好日子。

父親死後，學費來源就成了難題之一。為了學習，和珅甚至賣掉了祖傳封田，帶著弟弟四處投靠親戚，有時連飯都吃不飽。不知是否應驗了那句「窮人家的孩子早當家」，這種情況下的和珅，反而更加勤奮地學習，並取得了不錯的成績。和珅精通滿、漢、蒙、藏四種文字，弓馬武藝嫻熟，詩文才藝更是引起當時許多名人的注意。大學士英廉聽說北京官學中有一位相貌英俊、文武雙全的美少年和珅，便暗中對和珅進行考察。經過考察，大學士英廉對他很滿意，就把自己的孫女嫁給和珅。這給和珅的命運帶來了轉機，憑藉英廉的幫助，和珅踏入了仕途。公元一七六九年成為了三等侍衛，雖然官職卑微，但他已經步入官場。

和珅的第一步，乍看之下很平常，不過是仰仗了岳父大人的幫忙。但細細想來，為什麼一個大學士會將自己的孫女下嫁給這樣一個無父無母又沒有什麼背景的人？或者再深思一層：為什麼一個大學士能注意到和珅？因為他的詩文才藝？或許有。但和珅最終也沒有考取功名，可見他的才藝也並非十分了得，更遑論入大學士的眼，真正讓大學士側目的，恐怕是和珅踏實甚至賣地求學的上進心。一個在這種環境下還不忘學習的人，將來必定大有前途，後來的事實證明了英廉的判斷沒有錯。

在英廉的關照下，和珅先是成為三等侍衛，旋即轉為挑補黏竿處侍衛，做了管理皇帝鑾輿的侍衛。這在當時「正途」出身的官僚看來，只是一個卑賤的差使，但這樣一個卑賤的差使如何讓和珅發跡的？《庸庵筆記》記載：一天乾隆要外出，倉促間找不到儀仗用的黃蓋。乾隆責問：「虎兕出於柙，龜玉毀於櫝中，誰之過歟？」這是引用《論語》中的一句話，意思是責問「是誰的過錯」。和珅應聲答道：「典守者不得辭其責也！」意為「執掌此事的難辭其咎」。這句答話，正好也是《四書》中對上句話「豈非典守者之過邪」的注解。這使得乾隆注意到了這個小侍衛。這樣的機會看似偶然，其實裡面暗藏學問。

首先，這句回答本身就不簡單，試問在當時的情況下，有幾人能「應聲」？有個說法：說一萬個人一字排開，如何讓別人注意到你？答案是向前走一步。看似簡單的道理，做起來並不簡單。在眾多侍衛中，每個人都想出頭，都想被皇帝注意到，誰都想向前走一步，因此比知道「應該向前走一步」更重要的是「如何向前走一步」。眾多侍衛只知道「應該」而不知道「如何」，但和珅知道。他能接住乾隆的問話且「應聲」了，語言本身還頗為工整，從當時的情形看，這樣的回答又最為得體。這樣的「應聲」筆者自認做不到，但和珅做到了，這就是功力。看來書中不僅有顏如玉、黃金屋，更有登天梯，「好好學習天天向上」這話看來不假。

其次，比知道「如何向前走一步」更重要的是「有機會向前走一步」。只知道如何做卻沒有機會做是無用的，即便有天大的本事，沒有機會也是白費。

放到今天，一定有很多人知道該如何回答乾隆的這個問題，即便是在當時那個年代，那麼多的狀元、進士、舉人也都知道如何回答，但沒有用，因為乾隆聽不見。他聽不見，說什麼都是白搭，說得再好都是白費。天下大事以入局為要，不是「局內人」，很多事情也只能是看看想想而已。和珅有這個機會做，因為他就是管理皇帝鑾輿的侍衛，是「局內人」。由此可見，有時候不要看某個職位低下或機會微小，關鍵是這個機會或職位能不能給自己一個入局的機會，只有先入局，一切才有可能。

憑藉這個機會，得到乾隆賞識的和珅時來運轉，不久升任御前侍衛和副都統，後又接連升為戶部侍郎兼軍機大臣，兼內務府大臣，兼步軍統領，兼北京崇文門稅務監督。看看這幾個職位，戶部即現在的財政部，內務府就是皇帝的管家，北京崇文門稅務監督，相當於現在的地方稅務局，這些職位都圍著「錢」打轉。是的，一個「錢」字成就了和珅。

後世評論和珅都是「貪財」，其實比和珅更需要錢的是乾隆皇帝。乾隆需要錢啊！他一心想做個十全老人，想要文治武功，無論是西北戰事還是粉飾太平，無論是給太后過壽還是擴建宮殿，都離不開一個「錢」字。皇帝有需求，誰能滿足這個要求，誰就會得到最大的功績，和珅滿足了這個需求，因此得到了功績。

歷史上給和珅的評價，大多批評其貪，他也確實貪。在其事敗後抄家時，和珅財產的三分之一就價值兩億兩千三百萬兩白銀，玉器珠寶、西洋奇器不可勝數，民間諺語說：「和珅跌倒，嘉慶吃飽。」公元二〇〇一年曾入選《亞洲華爾街日報》世界級富翁行列，被評為十八世紀首富。

和珅有多少錢不是重點，重點是在那麼需要錢的乾隆手下，和珅能有這麼多錢，那麼他將提供給乾隆多少錢？肯定是一個天文數字，否則和珅不可能一直有那麼多錢。因為他只能雁過拔毛，在給乾隆的錢裡「提成」。做個比喻：廚師都很胖，因為他每每做完菜之後都要嘗菜，每天都吃得很多，但他嘗個菜都吃得那麼胖，他得做出多少菜？而和珅這個「廚師」做的所有菜只有一個客人——乾隆。因此，無論是從和珅個人資產還是乾隆之後對和珅的賞識和提拔，都能得出一個結論：和珅在此時很好地完成了自己的本職工作，這是他平步青雲的原因之一。

後世大都評價和珅：以善伺上意得寵信。史書更是直言：「高宗（乾隆）

若有咳唾，和珅以溺器進之。」當主子的剛咳一聲，和珅馬上就把痰盂給預備好了，確實是副奴才樣。但不要忘記和珅所處的年代，一個封建專制的年代，和珅他本就是皇帝的奴才，有個奴才樣，說明人家是有做好本職工作的，這是誇他還是罵他？這樣的行為又是多麼「理所應當」。那時沒有「法治」，只有「人治」，所有人的生殺榮辱都在皇帝一念之間。什麼是善伺上意？簡言之，就是對接皇帝思路並滿足他的需求。雖然從具體行為上來看，這些行為有些「不齒」，但從服務的角度而言，和珅這樣做沒有任何不妥。更何況，和珅也不只是「端茶倒水」，基本上乾隆交代給和珅的每件差事他都能辦得相當妥當。

據《和珅列傳》記載：公元一七八〇年，和珅受命去雲南查辦大學士、雲貴總督李侍堯貪汙案。和珅沒有如其他人辦案那樣直接對李侍堯下手，而是先拘審李侍堯的管家，取得實據，迫使精明幹練的李侍堯不得不低頭認罪。和珅從接受這個任務，到乾隆下御旨懲處李侍堯，前後只花了兩個多月。查處一個封疆大吏且罪證確鑿只用了兩個月，這件事做得漂不漂亮？隨後，和珅又向皇帝報告：「雲南的行政管理混亂，許多州縣都出現虧空，需要澈底清理整頓。」

這一報告立即得到乾隆的讚許。當年五月和珅回京，又進一步向皇上表述想整頓雲南的鹽務、錢法和邊防事務的具體意見，都得到乾隆的肯定。

和珅不僅把查處李侍堯的本職工作做好了，更想到如何收拾爛攤子，光這份想法就沒法讓乾隆不賞識他。為什麼？辦事的人很多，能把事情辦成的也有，但能主動為上分憂的人並不多，不僅為上分憂且能主動解決這個「憂」的人更不多。和珅光是發現問題就已被乾隆所欣賞，他能更進一步地提交解決方案，這就很了不起。很多人只知道說問題，但和珅總是能把關注點放在如何解決問題上。要知道，像乾隆這樣聖明的皇帝沒理由不知道問題，他只需要有能力解決問題的人，如此一來，和珅又「善伺上意」了。對於其他事，和珅同樣處理得漂亮。

一次乾隆過生日，西藏使者帶來一封信，滿朝文武除了和珅無人能識。其實在乾隆朝，包括後世評價頗高的劉墉、紀曉嵐等乾隆重臣，會四國語言的真沒幾個，這份才學讓和珅得了不少先機。在接待英國使節馬加爾尼時，他不僅強迫蠻橫的英國使節在面見皇帝時行中國下跪禮，而且拒絕馬加爾尼無理的要求，將其趕出中國。後來馬加爾尼在其回憶錄中對和珅大為讚賞，稱其為「中國首相」、「成熟的政治家」。修編《四庫全書》時，雖然紀曉嵐是總編官，但和珅是全權負責此項大工程的一把手，負責經費籌措、圖書徵收、人員協調等事宜。因此，《四庫全書》得以流芳百世，不能不談和珅的功勞。這樣的例子還有很多，舉辦千叟宴、保留《紅樓夢》原稿、處理造反案、國庫空虛案、貪汙案等，從這些事情上來看，雖然「蓋棺定論」和珅有錯，但他並非完全一無是處。聰慧、幹練、機智、盡責，每件事都能夠放心交給他辦，難怪乾隆如此寵信和珅。

和珅雖然貪，但他能執掌朝政二十年不倒，也還是有其學問。和珅大權在握後，很多官員都仰承其鼻息，趨炎奉承。山東某縣令入京，希望能見和珅一面，孝敬這位大人物以求日後和珅對自己的關照。花了不少銀子賄賂守門侍衛，得到了機會，在和珅回府時呈遞手版（當時的名片）。沒想到，和珅轎子都沒下，甚至連轎簾也沒掀，只呵斥道：「縣令是什麼東西，也跑來見我！」一句話讓人明白了和珅為官不倒的智慧。

和珅這麼貪婪的人，見到銀子怎麼沒眼開？其實這正是和珅的聰明之處。一、縣令，我們經常會在這個官位前面加個形容詞：芝麻大的，可見其官位之低了。這樣的小官和珅如果都接見，失了身分不說，這樣廣泛結交地方官員，萬一給人扣上一頂「結黨營私」的帽子就不好了。二、這個縣官能貢獻很多的銀子嗎？就算他一個小小縣官能貢獻很大一筆銀子，那他在任上得貪成什麼樣子？這樣的錢就是有後患之錢，這樣的人想保都是保不住的，給他行個方便搞不好把自己都拉下水，命都沒了，要錢何用？三、一個小縣令，和珅平時根本不可能對他有所了解，這個人是否靠得住？嘴巴嚴不嚴？如果收了銀子，對方回去後四處宣傳，和珅的小命也不保了。四、縣官有上級，知府、巡撫、總督，如果和珅手伸得太長，那不是動了這些官員的「乳酪」嗎？如果和珅和這些人爭飯吃，自貶身價不說，更會引起他人猜忌，若惹得這些官員不高興，可比小縣令不高興嚴重得多，他們要是聯合起來彈劾自己，和珅恐怕不會有什麼好果子吃。

和珅不僅懂得照顧其他官員的感受，更懂得考慮乾隆的感受，即便是有些私人事情要請乾隆幫忙，也要面子上過得去，從不硬來。前面已經提到過，和珅有個弟弟和琳。作為唯一的親人，和珅自然想方設法地想幫和琳，最直接的就是給弟弟升官。但乾隆朝不是他和珅家的，他不能想做什麼就做什麼，這樣乾隆會不高興的。給弟弟升官，以和珅當時的權利，根本就是小事一樁。但如果真因為「他是我弟弟」就給人家升官，日後這「任人唯親」就成了自己的小辮子。所以他得先創造機會給弟弟建立功勞，有了功勞，再升他的官就是「任人唯賢」了。其實這正是和珅的高明之處，辦事的時候有憑有據，即便將來壞了事也搪塞得過去。

人走運，想睡覺就有人遞枕頭，想什麼來什麼，和珅的機會來了。有個叫竇光鼐的御史，督浙江學政。他見浙江各縣府庫虧空，官吏胡作非為，多有不軌，對百姓橫徵暴斂，便於乾隆五十一年七月上書乾隆，奏明此事。乾隆幾次派人去查都沒有結果。和珅在官場裡打滾了這麼多年，不可能不知道浙江的事情，只不過派去的人手腳不乾淨或讓人給蒙蔽了才沒查出來。於是，和珅向乾隆建議派軍機大臣阿桂去重查。

和珅知道，阿桂的為人不可能包庇這個案子。且他已經執掌朝政多年，什麼戲法能騙得了他？他一去，這個案子就會被查出來。但查浙江案並非和珅本意，他是要給弟弟創造機會。和琳當時只是一個筆帖式，一心想給弟弟升官，但苦於弟弟沒有功績，而這就是個建立功績的好機會。於是他又向乾隆建議派和琳一同前往查案，乾隆應允。和珅讓弟弟隨阿桂一同查案，其實就是借船出海。和琳奉命去查案，什麼都不用做，回京即可獲享一個大大的功勞，可說是借阿桂之實，讓弟弟升官。如此一來，弟弟的事情辦成了，其他大臣也不能說和珅的不是，最主要的是，這件事情在乾隆那邊怎麼樣都說得過去。

雖然每一步都盤算得仔細，但和珅知道，自己所有的榮耀都維繫在乾隆身上，倘若有一日乾隆不在了，那也將是自己的末日。和珅沒有想錯，嘉慶四年（公元一七九九年）正月初三，乾隆駕崩。第二天，嘉慶帝命和珅與戶部尚書福長安輪流看守殯殿，不得擅自出入，實施軟禁。接著下了一道看似不著邊際的聖旨：著實查辦圍剿白蓮教不力者及幕後庇護之人。這一系列動作，很快讓久在官場打滾的大臣明白：皇帝要跟和珅算總帳了。當天就有彈劾和珅的奏章送到嘉慶帝手中，一夫倡首萬人景從，彈劾的奏折如雪花般飛到嘉慶帝的案前。嘉慶帝宣布和珅的二十條大罪，下令逮和珅入獄。為避免政壇風波，嘉慶帝參考了董誥、劉墉諸大臣的建議，將凌遲處死改賜和珅獄中自盡。執掌朝政二十年，一人之下萬人之上的和珅，就這樣孤單落寞地在監獄中以一條白綾結束了自己的「輝煌」。

「夜色明如水，嗟爾困不伸。百年原是夢，卅載枉勞神。室暗難挨算，牆高不見春。星辰環冷月，縲絏泣孤臣。對景傷前事，懷才誤此身。餘生料無幾，辜負九重仁。」這是和珅臨死前的絕筆詩，「百年原是夢，卅載枉勞神。」可惜，他醒悟得太晚，也太遲……

深入解析

和珅是中國史上最大的貪官，卻又立世於一代聖主乾隆皇帝手下，這可以說是個奇蹟。縱觀和珅一路榮辱，帶給我們怎樣的思考？

天下大事以入局為要。四十九年的四十七次升遷不過是以後的過程，對和珅而言，對他最重要的官職是當初那個不起眼的、管理皇帝鑾輿的侍衛，因為那是個開始。沒有這個開始，就沒有日後的一切。他不會有機會接近龍顏，也不會有機會在皇帝面前表現，更不會有機會因表現出色而被乾隆賞識。所以和珅要感謝這個卑微的職位，這是他成功的第一步。反觀我們自身，不必在意自己的第一份工作是什麼。楊元慶從騎自行車賣電腦開始自己的聯想接班人之路，牛根生從刷奶瓶開始蒙牛事業，馬雲做中國黃頁的時候被認為是騙子，俞敏洪曾提著鐵桶在大街小巷貼廣告，劉永好曾蹲在馬路邊上賣鵪鶉，成功者的第一份工作看起來都不怎麼光鮮。關鍵要善於尋找這份工作中能夠為自己提供的機會並抓住它。把握機會的和珅為我們昭示了一條生存法則：**有了開始就會有將來！**

褒貶不一曾國潘

蔣中正多次告誡他的子弟幕僚，「應多看曾文正書版及書禮」，「曾文正家書及書禮，為任何政治家所必讀」。他審訂《曾胡治兵語錄注釋》時說：「曾氏已足為吾人之師資矣。」梁啟超在《曾文正公嘉言鈔》序內說：「豈唯近代，蓋有史以來不一二睹之大人也已；豈唯我國，抑全世界不一二睹之大人也已。」

毛澤東說：「愚於近人，獨服曾文正。」這個曾文正就是曾國藩。「文正」是一個謚號。在封建社會，一般的社會名流死後依其生前事蹟會被給予一個稱號。能得到這個謚號的人，也大多令人敬仰。如宋代的范仲淹、司馬光、蘇軾，明代的方孝孺等，民間聲望極高的清代首位漢人軍機大臣劉統勳的謚號也是文正。在清朝兩百多年的歷史中，得此謚號的只有八人，而曾國藩就是其中之一。

曾國藩無疑是中國史上有影響力的人物之一。他從湖南一個偏僻的小山村以一介書生入京赴考，中進士後又授翰林院檢討，開始了漫長的仕宦生涯。

公元一八四七年即超擢為內閣學士兼禮部侍郎，一八四九年又升授禮部右侍郎，此後九年中，遍兼兵、工、刑、吏各部侍郎，掌管機樞軍政大事，十年七遷，連躍十級，從七品一躍而為二品大官，創造了清廷官場的奇蹟。後憑藉民團湘軍平定太平天國起義軍，被封為一等毅勇侯，成為清代文人封武侯的第一人。歷任兩江總督、直隸總督，官居一品。

曾國藩以儒家「正心、誠意、修身、齊家、治國、平天下」的訓示嚴格砥礪自己，他篤於修身，精研理學，格物致知，雅好詩文，自成一格。被人推許為孔子、朱子以後，再度復興儒學的聖哲；由於其卓越功績，被後世稱為清朝「中興名臣」之一。

曾國藩的功績和鎮壓太平天國革命運動密不可分。公元一八五三年，在家服喪的曾國藩，接到朝廷的任命，任職幫辦團練大臣，在湖南督辦團練。當時太平天國已經席捲了半個中國，清政府在各條戰線上都無法與之抗衡，因此，朝廷屢次頒發獎勵團練的詔令，鼓勵各地組織民兵，意圖利用各地武裝遏制太平天國勢力的發展。在這樣的背景下，曾國藩建議建立一支在綠營以外的正規軍——湘軍。這一建議得到了批准，於是曾國藩開始了他平定太平天國的事業。到一八五四年初，曾國藩組建的湘軍組成了陸軍十三營、水師十營，共計一萬七千多人，同年正式出師與太平軍作戰。曾國藩從此有了自己的政治資本。

拋開曾國藩鎮壓太平天國軍隊正義與否不談，其軍事思想內涵有很多過人之處。曾國藩認為「兵少而國強」、「兵愈多，則力愈弱；餉愈多，則國愈貧」。因此，湘軍組建之初就確定了「精兵」原則。湘軍的主要成員皆仰賴封建宗法關係作為團結軍隊內部的紐帶。湘軍的官兵大多透過同鄉、同族、親友、師生等關係挑選募集。各營只服從營官一人，全軍只服從曾國藩一人。同時湘軍的將領，大多選自科舉道路上失意，一心想借軍功獵取功名富貴的中小地主階級的知識份子。曾國藩治軍以嚴明軍紀為先，同時著意培養「合氣」，將士同心，「將軍有死之心，士卒無生之氣」。

這一點很受毛澤東認同，將其概括為：「欲動天下者，當動天下之心」、「動其心者，當具有大本大源」、「夫大本大源者，宇宙之真理」。曾國藩認為「愛民為治兵第一要義」（《曾胡治兵語錄》），創作了〈愛民歌〉，後來中國紅軍的「三大紀律，八項注意」就是以此為藍本。蔣中正在黃埔軍校以曾國藩的

〈愛民歌〉訓導學生。曾國藩軍事思想中最豐富並值得今人借鑑的是其策略戰術，如「用兵動如脫兔、靜若處子」、「紮硬寨，打死仗」、「先自治，後制敵」、「先拔根本，後剪枝葉」等等。雖然曾國藩的軍事思想得到了後世的認同，但最初與太平天國軍隊的戰鬥並不如想像中順利。

公元一八五四年曾國藩率領湘軍在湖南、湖北與太平軍對峙，十二月湘軍圍攻九江，太平天國的石達開等率軍西援，在湖口、九江戰役中，痛殲湘軍水師。一八五五年二月十一日，太平軍放火焚毀停泊在江面的湘軍大船百餘艘，奪得曾國藩座船。曾國藩走投無路，投水自殺，後被隨從救起，倉促逃入南昌，陷入太平軍的包圍之中，使他「呼救無人」、「夢魂屢驚」。

公元一八五六年，太平天國發生內亂，曾國藩趁機帶領湘軍於十二月奪下武漢，接著進軍江西，拿下九江，進逼太平軍重要軍事據點三河鎮，意圖以湖北、江西為後方，攻打安慶，這樣就可以順長江東下，奪取太平天國的首都天津。但曾國藩的算盤落空了，一八五八年十一月，太平軍將領陳玉成、李秀成在三河鎮與湘軍正面作戰，太平軍三路大軍包圍了湘軍大營，湘軍大敗。曾國藩事後評價此戰：「三河之挫，敝邑陣亡達六千人，士氣大傷！」

大凡取得大功績的人，都曾經跌倒，但跌倒後會迅速爬起來，曾國藩也不例外。曾國藩的湘軍，雖然在三河遭到慘敗，但力量並未潰滅，他仍然堅持奪取安慶進取天津的策略。公元一八六〇年，曾國藩親率八萬湘軍包圍了安慶。與此同時，太平軍擊敗清軍的江南大營，咸豐帝下令曾國藩發兵增援，但遭到了拒絕。曾國藩上書說：「安慶一軍，目前關係淮南之全域，將來即為克服金陵之張本。」為解安慶之圍，太平軍攻取武漢，意圖令曾國藩分兵解後方之圍。

但曾國藩依然沒有動搖，堅持攻打安慶，他說：「吾但求力破安慶一關，此外皆不遽與之爭得失。」事實證明曾國藩的堅持是正確的，公元一八六一年九月五日，安慶被湘軍奪取，太平天國丟失了自己的門戶，這件事無論在軍事還是政治上都有著深遠影響。從攻打安慶可以看出，若想取得成績，有時候要先失去一些，總是顧慮太多，往往會失去自己原本的目標。抓住目標，不為其他誘惑和脅迫所動，才能掌握主動。正是因為曾國藩「吾但求力破安慶一關，此外皆不遽與之爭得失」，一八六四年春，太平天國喪失了大半江浙基地，與此同時，天京各城門也被湘軍合圍。七月十九日，天京（今江蘇南京）淪陷。曾國藩平定了太平天國，奠定了自己清朝中興第一名臣的地位。但隨之而來的天津教案，卻使得曾國藩一世英名付諸流水。

同治九年（公元一八七〇年），在天津發生了一場震驚中外的教案。傳教士在清末《天津條約》簽訂後，開始在割地進行傳教工作。但由於宗教信仰的不同，傳教士與民眾屢屢出現摩擦，有時形成大規模的抗爭衝突，被稱為教案。當時外國傳教士常以辦理慈善活動的方式吸引中國人民入教，而育嬰堂是傳教士經常舉辦的慈善機構，用來收容大批無家可歸的孤兒，但這樣的舉動卻常引起民間的懷疑。

公元一八六二年，法國天主教神父衛儒梅在天津開辦仁慈堂養病院。一八七〇年四五月間，天津發生多起兒童失蹤案。六月初，由於疫病流行，育嬰堂中時常有孤兒患病而亡。民間開始傳言外國修女以育嬰堂為幌子，實則殺死孩童作為藥材之用。於是，每天都有人到墳地圍觀，挖出孩子的屍體查看。六月二十日，一名被居民扭送官府的人口販子武蘭珍口供中又牽連到教民王三及教堂。這造成了導火線，民情激憤，士紳集會，書院停課，反洋教情緒高漲。六月二十一日清晨，數千名群眾包圍了教堂。教堂人員與民眾發生口角和肢體衝突。法國駐天津領事豐大業要求總督崇厚派兵鎮壓，沒有得到滿意的結果，在前往教堂的路上，打死了知縣的僕人。民眾激憤之下先殺死了豐大業及其祕書，之後又殺死了十名修女、兩名神父、另外兩名法國領事館人員、兩名法國僑民、三名俄國僑民和三十多名中國信徒，焚毀了法國領事館、天主堂、仁慈堂以及當地英美傳教士開辦的四座基督教堂。六月二十四日，外國軍艦來到天津，七國公使向總理衙門抗議，要求處死負責此事的中國官員。

此時，任直隸總督的曾國藩被派往出面解決。當時朝廷內部分為「打」與「和」兩派。打的一派認為：民心不可失，因此主張與外國軍隊進行決戰，以快萬眾之心；和的一派認為：清軍目前無力開戰，一旦打起來可能引起新的禍端，侵略聯軍可能再次打到北京。曾國藩軍事出身，對於清軍的戰鬥力自然非常熟悉，因此，認為主打的一派的意見並不可行，目前清朝根本不宜也無力與外國軍隊開戰，遂定下了「拚卻聲名以顧大局」的處理原則。經過調查後，曾國藩「確認」育嬰堂並無誘拐傷害孩童之事，於是在法國的要求下，商議處死主犯民眾十八人，充軍流放二十五人，將天津知府、知縣革職充軍發配到黑龍江，賠償法國、英國等四十六萬兩銀子，並派師團至法國道歉。

這個結果，朝廷人士和民眾均甚為不滿，曾國藩的聲譽也大受打擊。曾國藩因此被人痛罵是漢奸、賣國賊，天津成了曾國藩的「滑鐵盧」，後來他自己也承認：「外慚清議，內疚神明，為一生憾事。」其實整個事件中，曾國藩又能做什麼呢？法英俄等駐華公使聯合抗議，並以軍事威脅。事涉外國，勢難窮追到底，恐怕這是曾國藩最為遺憾之事。試問一個以軍功得聲名的人，難道會甘願屈辱地向敵人投降嗎？他何嘗不想開戰？他何嘗不想痛擊侵略者？但他和當時的清朝有這個能力嗎？

清政府在兩次鴉片戰爭中慘敗，曾國藩憂心忡忡，他意識到中國要自強禦敵，必須船堅炮利，而要船堅炮利非辦洋務不可。因此，才會在公元一八六〇年十二月十九日的奏稿中說道：「目前資夷力以助剿，得舒一時之憂。將來師夷智以造炮、船，尤可期永遠之利。」曾國藩是最早進行洋務運動的，所以被人稱作中國「洋務之父」、「近代化之父」。在洋務運動期間，共創辦過二十多個軍事工廠，而其中最早的就是曾國藩創辦的安慶軍械所。一八六一年，曾國藩攻陷安慶後，創辦了安慶軍械所，製造洋槍洋炮。在他的支援下，一八六四年初，安慶軍械所製成了中國第一艘木質輪船「黃鵠」號。一八六五年，容閎從美國買回機器，曾國藩與李鴻章在上海共同創辦了洋務運動中規模龐大的軍事企業之一——江南製造總局。除此之外，曾國藩還創辦了翻譯機構和兵工學校，以培養機械製造方面的工程技術人才。試問一個如此致力於「兵強」的人，會是那種甘願受欺負的人嗎？可惜的是，中國洋務運動開展得太晚也太短，教案發生時，洋務運動的正面影響還沒有顯現出來，清朝還是那個「落後只能挨打」的清朝，曾國藩實在無能為力。

曾國藩知道自己無能為力，但民情洶洶不能置之不理，因此，受命處理此事的曾國藩深知此事為難，而又不得不奉旨行事。曾國藩早知自己此去十分兇險，甚至寫好了遺囑，帶病前往。審判的結果不言而明，清政府軟弱無能、忍辱退讓，只能屈從洋人。但這樣的屈從對於曾國藩又意味著什麼？試問一個堅決反對借洋兵助剿、主張遣散阿思本艦隊、痛恨「媚夷」之人，要他不戰而降、忍辱偷生是一件多麼難以接受的事情？但曾國藩雖然心有不甘，也只能將各種委屈往肚子裡吞，他反覆籌思，向侵略者作出讓步，因為只有這樣才能避免一場新的戰禍，一場可能導致清朝甚至整個民族經歷更大痛苦的戰禍。他清楚地意識到，一場戰禍的損失遠遠大於他個人因天津教案所帶來的損失和屈辱。「拚卻聲名以顧大局」，簡單的一句話，飽含了多少無奈和心酸？

公元一八七〇年冬季，曾國藩在一片咒罵聲中離開了北京，回到南京，第三次就任兩江總督。一八七二年三月十二日，曾國藩病逝於兩江總督衙門。朝廷得知曾國藩病死任上，遂輟朝三月，追贈他為太傅，諡號文正，後入京城昭忠寺、賢良寺，並在原籍、南京等地建立專祠，將其生平事蹟宣付國史館，給予他漢族大臣中最高的禮遇。

這樣的人，筆者認為自己沒有資格評價，也許梁啟超在《曾文正公嘉言鈔》的評價更適合概括曾國藩的一生。

「豈唯近代，蓋有史以來不一二睹之大人也已；豈唯我國，抑全世界不一二睹之大人也已。然而文正固非有超群絕倫之天才，在並時諸賢傑中，稱最鈍拙；其所遭值事會，亦終生在指逆之中；然乃立德、立功、立言三不朽，所成就震古鑠今而莫與京者，其一生得力在立志自拔於流俗，而困而知，而勉而行，歷百千艱阻而不挫屈，不求近效，銖積寸累，受之以虛，將之以勤，植之以剛，貞之以恆，帥之以誠，勇猛精進，堅苦卓絕……」

深入解析

「十年七遷，連躍十級」，「中興第一名臣」，「被封為一等勇毅侯，成為清代文人封武侯的第一人」，曾國藩的履歷是光鮮的，相信沒有人可以忽視這份履歷的光芒。但遺憾的是，曾國藩在歷史上的評價卻是毀譽參半。

曾國藩為何成功？得益於身處亂世？「亂世出英雄」，曾國藩的功績在於生逢亂世，他有了太平天國這個對手，而這個對手的失敗也成就了他的成功。但這不是他成功的根本原因。歷史是公平的，它給了那個動亂年代中的所有人一個機會，但不是所有人都能成為英雄。筆者在本文開始的時候，先是描述了許多後世名人對曾國藩的讚許之情。應該說這些人對曾國藩的推崇不在於他取得的成績，而在於取得成績所憑藉的智慧。這也是筆者為何在本文中用大量篇幅描寫曾國藩帶兵打仗之道的原因。他有這個實力，而又恰逢亂世，所以他成功了。曾國藩的成功向我們展現了一條生存法則：**實力永遠比機會更影響一個人是否成功**！

曾國藩又為何身敗名裂？其實這不是他的失敗，而是清政府的失敗，他不過是隻代罪羔羊。任何人的成功都離不開一個平台。曾國藩的前期成功，在於他有一個平台——「湘軍」。而當太平天國這個敵人消失之後，曾國藩的身分發生了變化，他的平台變成了朝廷，很遺憾，這是唯一可選擇的平台，更遺憾的是：這個平台是如此不平穩。在評論曾國藩處理天津教案的時候，筆者相信曾國藩是非常願意拚死一戰的，因為他曾經為此做了那麼多的準備。但他不能一戰，如果一戰，他也許會留下一世清名，卻將給整個國家和民族帶來災難，這是他最大的痛苦。因此，他別無選擇，只得犧牲自己來保護那個孱弱的清朝。曾國藩的無奈選擇昭示了一條生存法則：**如果有機會，選擇一個有支撐力的平台更利於個人發展**！

下篇

身陷凡務語心機，縱論道術權謀

安靜，未必沒力量

「大人，這些當兵的殘害百姓比強盜更甚啊！」老百姓哭訴著，接著說，「強盜只是搶劫家裡有的東西，可這些當兵的，不僅將家裡的財物都搶走，而且比強盜更加兇暴放肆。他們硬說我們家裡有管制物品，以此來威脅我們給他們孝敬銀兩。如果敢爭辯，一句話都不多說，上來就是一頓打，而後就把百姓抓進大牢。他們以搜查盜匪為名，強行闖進家裡，有時幾個人因搶奪財物而大打出手，甚至出現了因械鬥而殺人的事情。他們知道事情鬧大了，現在正準備逃跑呢。」

坐在公堂上的大人，看了看跪在下面的百姓，丟下訴狀說：「胡說，事情不可能如你們說得那麼嚴重，你們回去吧。」這個大人，連一句都不多問，居然就把百姓打發走了，難道真應了那句老話：「官官相護嗎？」當兵的人違法亂紀，這個地方官居然理都不理，這不是「護」是什麼？有意袒護、包庇犯罪之人，這樣的官是不是「壞」官？是，該做的不做，那些士兵搶來的錢肯定有他的一份。如果你也是這麼想的，那你就大錯特錯了。這個扔訴狀的大人是蘇軾。對，正是那個「明月幾時有？把酒問青天」的蘇軾。光聽這個名字，基本上可以判斷他不是個壞官。那他究竟為什麼要這麼做呢？

當時，蘇軾正任密郡通判。在其制內有竊賊出沒，他上報朝廷後，安撫司派了一位軍官率領幾十名士兵前來抓捕竊賊。可這些士兵如狼似虎，騷擾百姓不說，甚至比竊賊更兇殘、更貪婪，因此，這才有了百姓到蘇軾那裡告狀的一幕。但蘇軾為什麼不接這個案子呢？難道怕得罪朝廷的大官而不願意管嗎？其實不然，蘇軾不是不管，相反，後來他把這些作亂的士兵全都抓住並殺了。既然如此，蘇軾在百姓告狀的時候，為什麼不理會呢？

先思考一個問題：蘇軾能把這些作亂的士兵一下子都抓來嗎？答案是不能。試想，對於幾個小賊，蘇軾尚且需要上奏朝廷，由上面派兵來抓，面對幾十個久經沙場的士兵，蘇軾能奈何得了人家嗎？這是其一。其二就是，蘇軾沒有力量把這些人一網打盡，而同時如百姓控告所言：「他們知道事情鬧大了，現在都要逃跑了。」人家現在已經在觀望了，如果蘇軾下令去抓這些士兵，本就打不過人家，而且人家也準備跑了，反而打草驚蛇，如果士兵一哄而散，蘇軾能奈人家如何？正是因為這兩個原因，蘇軾需要先穩定這些作亂的士兵，至少不能讓他們跑了。

最好安撫他們的辦法，就是沒把這些控訴當回事，所以蘇軾才會把狀紙一扔，讓百姓先回去。這些當兵的一看蘇軾沒理會百姓的控訴，自然心安了，至少不擔心蘇軾會收拾他們，所以放鬆了警惕，不急於逃脫了。就這樣為蘇軾贏得了時間。他在稟告朝廷後，調集了一些士兵，有了力量後，將原來那些作亂的士兵全抓了。因此，蘇軾面對惡行處變不驚，一副沒事的樣子，其實不過是緩兵之計，為的就是暫時穩定這些士兵。這其實是抓捕作亂士兵最有力量的一種舉動，比起一遇到事情就狗急跳牆的行為有力得多，可見：「安靜，未必沒力量。」

從「動」與「靜」的角度來說，不驚屬於「靜」。一般會認為「靜」沒有力量，因為沒有運動，不會有眼花撩亂的動作，不會有震耳欲聾的聲響，當然看似沒有力量。但其實「靜」所蘊涵的能量也是很驚人的，正所謂「安靜，未必沒力量」，這個道理三國時的張遼也很明白。

張遼接到曹操的命令，屯兵於長社。後來軍中有人謀反。謀反的士兵在軍營裡四處放火，整個部隊都受到了驚擾。大家都知道張遼是三國時的猛將。按他的「爆脾氣」，居然有人敢在他的管轄下作亂謀反，還不馬上找這些人算帳去？可這位「猛人」偏偏沒有動，而是傳令：「不是造反的人安心坐在原地，不要到處亂跑，否則按謀反定罪。」而後，自己親自率領數十名親兵立於軍陣之中，很快就平息了騷亂。

現在，您知道張遼為什麼沒有馬上和叛亂的人拚命嗎？因為他從謀反的人放火製造混亂判斷出：謀反的只有幾個人，並不是全營作亂。他們之所以要製造混亂，不過是想借動亂擾視聽罷了。如果此時出去拚命，只會讓局面更加混亂，如此一來，張遼怎會知道誰在謀反？誰只是亂跑？如果亂殺一通，會不會把更多的人逼到謀反一路？因此，張遼首先要把局面穩定住，故而下令「靜」。都給我「靜」下來，「靜」中誰還動，誰就是謀反之人。即便是謀反的人也隨之「靜」下來，至少謀反已經平息了，這件大事情解決了，張遼有的是時間去追查是誰想要謀反。這樣的「安靜」，是不是很有力量？與張遼相似，宋朝的李允則、文彥博也遇過類似的事情。

李允則有一次在軍中宴客，突然有人找他報告：「兵器庫著火了。」當時李允則在邊境，契丹人早有圖謀攻打宋朝，邊關兵器庫被燒，如果此時契丹人得知此消息攻打過來，士兵拿什麼抵抗呢？這麼大一件事情，他李允則居然沒有管，而是繼續和賓客喝酒，只是命人去把火撲滅。後來就有人以此事彈劾李允則，宋真宗卻說「允則一定有他的道理」。李允則有什麼道理呢？

試想，兵器庫戒備森嚴，怎麼會無端起火？肯定是有奸細故意縱火。如果馬上大張旗鼓地去滅火，契丹人一定會知道兵器沒有了，一定會馬上派兵攻打。沒有武器，那就只有挨打的份了。可李允則當時沒有聲張，這樣契丹人就會認為縱火沒有成功，沒有燒掉多少兵器。既然沒有損失兵器，契丹人會不會馬上攻打？當時不會。這裡說的是當時不會，因為當時契丹人只有企圖，沒有什麼實力，否則管你兵器庫有沒有被燒，他早就打過來了。在滅火之後，李允則又暗中派役吏帶著公文到瀛州，用茶籠運回兵器。之所以用茶籠，就和他不聲張救火是一個道理：不讓契丹人知道實情。

文彥博任成都知府時，有次在大雪紛飛的夜晚宴請賓客。這頓飯吃了很久，夜深風寒，役卒有些怨言了。一氣之下，就有役卒折斷井欄燒來禦寒。有人稟告了文彥博，眾賓客都很害怕，以為這些當兵的要造反呢。文彥博淡淡地說：

「天冷了，他們燒火禦寒沒有什麼不對的。」說罷，依舊與賓客喝酒。可第二天，文彥博便追問是誰先生火的，並把這個人罰以杖刑。

從文彥博第二天的舉動來看，他得知士兵折斷井欄當柴燒是很生氣的，那為什麼當時他沒有發火呢？因為他要「大事化小」。試問，士兵是否知道折斷井欄當柴燒是個過錯？當然知道，否則，他們就不會以此行為來進行抗議了。他們明知道有錯還這麼做，是否說明他們的怨氣很大？怨氣大，此時處罰他們、教育他們，他們會接受嗎？不接受會怎麼樣？肯定會爭吵。當著賓客的面被下屬頂撞，文彥博丟面子是小，兩者頂撞起來會不會激起兵變？如果士兵因怨氣而兵變，是不是大事？但文彥博只是淡淡地說，其實就是給士兵的怨氣澆上一盆冷水，士兵才會「安靜」下來。

他們知道是錯，希望以犯錯引得文彥博來處理，這樣就有由頭與文彥博爭辯，爭辯的過程中才好爆發怨氣，這是士兵的算盤。可文彥博沒有接招，而且士兵已經有火取暖，怨氣也就小了，自然也就沒有下文。個別士兵犯了軍規是不是小事？等到第二天，士兵的怨氣已消，沒有因動怒而兵變的可能，再處罰是不是就不會導致其他後果的產生？因此，文彥博用「安靜」將大事化小，這樣的安靜是不是很有力量？

怨氣就像是火，越是「活動」它，就好比去挑撥它，火只會越燒越旺。如果處之以靜，自然就會熄滅。因此，靜可以平息怨氣、禍亂。安靜是不是很有力量？明白了這個道理，自然也就明白為什麼明朝的趙豫會是個「松江太守明日來」的人了。

趙豫任松江太守時，凡是碰到一般的鄰里糾紛這樣的小案子，就是一句話：

「明日來。」大家都笑他，所以有「松江太守明日來」的說法。其實這正是趙豫的智慧所在。一般鄰里糾紛大多是一時的怨氣，讓他們明日來，則避了怒氣的鋒芒。經過一夜，怒氣可能已經平息了，本就沒什麼大事，不過是氣頭上鬧騰起來而已。等他們怨氣消了、安靜了，自然也就撤訴了。趙豫一個太守，遇不到什麼大事，但他懂得用「安靜」將小事化無。

深入解析

生活中經常會碰到讓自己火冒三丈的事情，此時處理的方法將決定自己在前進的道路上是支持多還是障礙多。

宋朝人李若谷曾給門下弟子立下四字箴言，要求弟子為人處事要做到「清、勤、和、緩」。這個「緩」字，不就是教導弟子要「宜靜不宜動」嗎？

試想天下有多少事情都是因一時衝動而忙中出錯？緩一下，讓自己安靜一下，讓對手安靜一下，讓周圍環境安靜一下，不就可以避免自己犯錯，避免他人犯錯，避免小事變大嗎？蘇軾抓兵匪、張遼平息兵亂、李允則處理兵器庫失火事件，都告訴我們一個道理：**急事緩辦**。

很多人一遇到問題就如同鞭炮被點燃了火苗，一蹦三丈高。風風火火，理壯聲高……其實，這都不是正確處理問題——尤其是處理矛盾的有效方法。有矛盾時，你說什麼錯什麼，你做什麼錯什麼。因為對方已經主管認定你不對而他對。這種心理狀態絕非解決問題的最佳時機。兵法上說，「兵之勝，避實而擊虛。」、「百戰百勝，非善之善者也。」、「不戰而屈人之兵，善之善者也。」、「先為不可勝」、「勝兵先勝而後求戰」。這些讓我們了解到：以最小的代價換取更大的成果才是勝利。文彥博處置士兵怨氣、松江太守明日來，告訴我們一個道理：**我們應該避免直接衝突，應該等到對方氣衰力竭之時，等到對方心平氣和之時，再去處理矛盾。**

小人，未必不可用

劉邦擊敗項羽奪得天下後，這個昔日的草民已經搖身一變成了漢朝的開國之君。一人得道，雞犬升天，更何況是為自己開疆擴土的有功之臣。劉邦是意氣中人，肯定不會虧了自己的弟兄，一個字：賞！劉邦登基後，馬上著手封賞有功之臣，一下子封賞了二十多人。但天下初定，皇帝家餘糧也不多，賞了二十多人後，劉邦手頭有點緊了。其他還沒有被封賞的人，每日到劉邦這裡爭功，但都沒有得到劉邦的首肯。

一次劉邦在宮中行走，看見一些大臣聚在一起聊天。劉邦問左右：「他們在談什麼呢？」此時已經被封為留侯的張良說：「陛下您不知道嗎？他們在準備謀反啊！」劉邦聽後覺得此話不能當真，反駁道：「天下剛剛才安定下來，他們為什麼要謀反呢？」張良說：「陛下您布衣起家，靠著這些人而奪得天下。現在陛下貴為天子，而所封賞的都是蕭何、曹參這些老部下，很多曾與您結怨的人都被您給殺了。現在以軍功來進行封賞，已經沒有什麼可讓皇上封賞的。這些人擔心不能受到封賞，又擔心曾經有過失而被殺，所以他們才會聚在一起商討謀反啊。」

新皇帝面對老問題：如何封賞開國之臣。作為劉邦而言，自己剛剛得到天下，當然希望封賞所有有功之人。但封賞人是要銀子、要地、要人的，而劉邦這個皇帝甫才登基，先前的封賞已經把銀兩用得差不多了。說一萬遍沐浴皇恩，不如一句封妻蔭子，人家提著腦袋跟著劉邦鬧革命，無非也是想圖個富貴。

如果不封賞他們，會讓他們誤會劉邦卸磨殺驢。如果此時有人挑唆大家，說劉邦真要「殺驢」，那大臣搞不好真的會造反。賞，已經賞無可賞；不賞，可能會引發一場政變。劉邦這個新皇帝，面臨一次大危機，好在，他的身邊還有張良。「不用怕，有事問張良」——張良給劉邦出了什麼主意？

劉邦聽了張良的話後，忙問：「那該如何解決呢？」張良說：「請皇上趕緊封賞雍齒。」這不還是要封賞嘛，如果單純封賞誰都會說，這就是所謂的「張良計」？簡直就是撤牆梯嘛！現在的問題不就是沒有那麼多東西可以封賞群臣嘛，就算封賞了雍齒又如何？其他臣子依然沒有得到封賞，他們不一樣還是有因多心而謀反的危險嗎？而且雍齒還是劉邦的老鄉，算是最早一批跟劉邦打天下的老臣了，封賞他和封賞蕭何他們有何不同？為什麼聰明絕頂的張良提議說要賞賜雍齒呢？

說到張良為什麼要提議劉邦封賞雍齒，首先要說說這個雍齒。雍齒是劉邦的老鄉不假，但是跟隨劉邦打天下的人都知道，這個雍齒是劉邦最憎恨的人。雍齒曾多次侮辱劉邦，劉邦幾次想殺他，但因為他功勞多，所以沒忍心殺他。既然劉邦最憎恨雍齒，張良為什麼還提議封賞雍齒呢？

劉邦當時也沒想明白，於是就問張良原因。張良答：「群臣看到皇上如此討厭的雍齒都能受封賞，那麼大家也就心安了。」於是劉邦趕緊在宮中設宴款待群臣，並當眾封雍齒為什方侯，同時大聲嚷嚷著催促丞相、御史大夫趕快論功行賞。這下群臣高興了，都說：「雍齒尚且能封侯，我們還擔心什麼啊，很快就會封賞我們了。」

現在，你知道張良為什麼提議封賞雍齒了嗎？因為張良要把雍齒樹立成榜樣，藉此來緩和其他大臣對劉邦遲遲不封賞他們的猜疑。最為劉邦痛恨的雍齒尚且能得到封賞，其他人自然也會得到封賞，這是禿子腦袋上的蝨子——明擺著的事情。大家不再猜疑，自然也就心安了，心安則人安，也就不會再有謀反的心思了。但如果是這樣的話，是不是隨便封賞哪個劉邦痛恨的人都能得到這樣的結果？

當然不是。其實張良之所以提議封賞雍齒，還有更深一層的原因。前面提到劉邦很痛恨雍齒，但卻遲遲沒有殺了他，為什麼？因為雍齒有功勞。因有功而能免於被殺，可見這個功勞不是一般的多，不是一般的高。雍齒因為勞苦功高，所以先於其他大臣獲得封賞，這樣別人會不會有嫉妒心？即便有，也不會太大，因為大家知道現在是論功行賞。人家功高，先於自己受封賞也是很正常的事情，這個大臣還是能理解的。但如果劉邦封賞一個沒有什麼功勞的敵人，大家心裡能平衡嗎？當然不平，人不患貧而患不均，所謂不均就是不公平。不公平的事情大家都不會接受，如果不接受心是不是會更加不安？這個皇帝不能論功行賞，而是該賞的不賞，不該封的人卻封，跟著這樣的皇帝還有前途嗎？前途都沒有了，心還會安嗎？心不安人如何能安？人一旦不安分，謀反推倒皇帝自己坐的思想會不會萌芽？這個萌芽一發出，劉邦的皇位岌岌可危。可見張良推薦劉邦封賞雍齒是大智慧，不是隨便說說的。

劉邦曾多次被雍齒侮辱，雍齒可算是劉邦的小人了。但在下屬軍心不穩的危難面前，劉邦反過來利用雍齒化解危機，可見：小人，未必不可用。小人與敵人不同，他不會產生直接的威脅，但卻總讓自己覺得不舒服。有時候，他們甚至會故意和自己唱反調。打不得，罵不得，又對自己沒有多大的幫助，小人對自己似乎是百害而無一利。其實不然，小人未必不可用。大凡取得大成績的人都明白這個道理，比如劉備和李自成。

劉備採用法正的建議攻打益州牧劉璋。當時劉璋手下有個叫許靖的人想主動投降，因為被察覺而沒有成功。後來劉璋自己投降了，劉備就不怎麼看得上這個許靖，認為他沒有什麼實才（連投降都做不成，這才能顯然不怎麼樣）。可法正卻對劉備說：「許靖這人雖然沒有什麼實才，但卻很有虛名。現在主公開始創大業，正是用人之時，天下之人不能一一遊說。可這位許靖卻有虛名，很多人都知道他。如果主公對他不加以禮待，天下人一定會認為您不重視人才啊。」劉備覺得有理，於是開始優待許靖，天下許多名人志士因此紛紛投奔劉備。劉備是在利用許靖的被重用來安穩天下人心。

崇禎十七年三月十九日，李自成在眾人的簇擁下由德勝門進城，明朝的首都淪陷了。在李自成一行人進宮時，明朝最後一個太子朱慈烺跪迎李自成。李自成命人扶起。後不久又搜得崇禎其他兩個兒子永王、定王。李自成安慰他們道：「今日即同我子，不失富貴！」李自成為什麼不殺他們，還要將他們當兒子對待，保他們富貴榮華？因為李自成需要有更多的人幫他，尤其是幫他治理國家，因為他只會打仗，對國家治理一竅不通，所以他亟需籠絡前朝舊臣。李自成不殺太子，是向這些明朝群臣說：前朝太子都投降於我了，其他人還有守護明朝的必要嗎？前朝太子我都容下，你們這些前朝舊臣我就容不得嗎？事實證明，李自成這樣做沒有錯。明朝在京的官員「衣冠介胄，叛降如雲」，官員爭先恐後地前往大順政權吏政府，報名請求錄用。

該殺的人不殺，劉邦做到了，劉備做到了，李自成做到了，漢光武帝劉秀也做到了。漢光武帝時，有個叫王郎的人想造反，結果事敗被劉秀給殺了。在搜查王郎府邸時，獲得了大批王郎的部下與王郎暗中勾結謀反的書信。這些部下居然想賣主求榮，不能不說是小人吧？該殺吧？可劉秀卻不殺，他甚至連信都沒有看，把所有的將領召集來，當眾將這些信燒掉了，以此表示自己對此事不予追究，安撫這些叛降的心。

漢光武帝劉秀，不僅懂得用該殺之人不殺的方法安撫人，他還深諳用自己的行為來穩定人心。西漢末年，有一支名叫銅馬軍的農民起義軍。劉秀打敗了他們並迫使其投降。雖然劉秀封原銅馬軍的首領為列侯，可其他降兵心裡還是不安。劉秀於是獨自騎馬到「銅馬軍」的營中緩步巡視。這下降兵心安了，劉秀把自己當自己人，才會不帶衛兵，一人輕騎來營巡視，這可真是「推赤心入我等腹中」。於是這些降兵成為劉秀一支可依賴的部隊。

和劉秀一樣，曹操也遇到過「書信門」。當年「官渡之戰」，曹操掃除了北方最強勁的對手袁紹，統一了北方。在從袁紹處繳獲的戰利品中找到了書信一束，都是許都和軍中一些人與袁紹暗通之書信。當時有人建議曹操對照書信一一點名，把這些人都抓起來殺了。但曹操卻沒有看信，而是當著眾人的面把信全燒了，事後絕口不提這件事。

其實劉秀和曹操，都得知有人背叛過自己，卻把他們背叛的證據書信都給燒了，這不難理解。因為他們面臨的情況都是大面積的背叛，不是一個兩個，而是大部分人都背叛。如果把這些人都殺了，那整個國家或軍隊還如何運轉？畢竟組織的運轉要靠這些人。但是不是只是有人背叛，選擇不理會他們就是安人了？當然不是。如果對所有背叛都不予理會，只會讓背叛的人更加猖狂。

那劉秀和曹操為何不理會這些背叛的人呢？因為這些人並不是真的背叛，只不過一時搖擺不定而已，這些人還是可以爭取過來為自己效力的。例如，曹操看到書信後說：「當紹之強，孤亦不能自保，況他人乎？」當時袁紹的兵馬是曹操的十倍之多，因此，曹操這邊有部下心裡擔心打敗仗而私通袁紹，無非是想給自己留條後路而已。這是人之常情，曹操也是因此才能容下這些反叛之人，並極力爭取他們。為了爭取他們，他就要讓這些人心安，所以有了燒書信的舉動。

比燒書信更聰明的一點，就是劉秀和曹操都沒有去看信，也沒有把這些通信之人記錄在案。既然已經想不追究他們了，就不要去記住這些人，因為這些人知道你還記得他們，記得這些信，心裡就會有根刺。說不定自己嚇自己，總以為你要收拾他們，這種情況下是不可能心安的。

劉秀是梟雄，曹操在後世的評價中也是負面居多，但這並不妨礙他們在世時取得成功。尤其是曹操，「挾天子以令諸侯」，從輿論的角度看他是「竊國者」，名不正言不順。但即便是如此糟糕的輿論壓力下，曹操卻是三國之中籠絡最多天下英雄的人，手下無論文臣還是武將皆高手如雲。能號令天下英雄，這與曹操高超的政治手腕是分不開的，尤其是他善於對待「小人」，以向天下英雄傳達非常正面的資訊。

深入解析

每個人有很多的關係要處理，如同事關係、上下級關係，這些人際關係的處理其實就是一個安撫的過程。所謂安撫，就是讓別人在面對自己時不要太激動，以免產生不必要的誤會，進而產生對抗。

安人之道，首先在於平心。人心不平則萬事不平，要人心平，首先要懂得分析人心這杆天平的兩端。天下萬事無非兩樣：欲望和所得。抓住了這兩樣，才能真正掌握平衡之道。例如：劉邦封賞雍齒、劉備重用許靖，都是為了讓其他人覺得他們的欲望還有機會被滿足。劉邦不賞賜雍齒不是錯，因為雍齒是劉邦最痛恨的人；劉備不重用許靖也沒問題，因為許靖沒有才幹。但這不是對與錯的辯論會，而是攸關劉邦是否賞罰公平、劉備是否重用人才的大問題。因此，即便心有不甘，這兩位還是這麼做了，就為了安撫其他人的心。這幾則故事告訴我們一個道理：**如何面對「小人」，將決定別人如何看你**。

人心平了，還要讓人氣順。很多時候矛盾不在於事情的對錯，而在於「這口氣我咽不下」。因此，要引導對方把這口氣順暢地吐出來。接下來就是要給面子了。人爭一張臉，你不給別人面子，別人也不給你面子。劉秀和曹操經歷的「背叛書信門」，為什麼不繼續追究下去？為的就是給別人留面子。劉秀為什麼不帶著侍衛一人檢閱剛剛受降的部隊？就是為了給這支部隊面子——我相信你們！面子是別人給的，沒有人會反感給自己面子的人。故做任何事情之前一定要先考慮到對方的感受，否則很容易產生反抗。從這裡我們明白一個道理：**「順氣、平心、給面子」，這是擁有良好人際關係的七字箴言**。

常情，未必只小意

齊桓公是著名的春秋五霸之一，其身邊有個高級智囊——管仲。管仲曾多次幫助齊桓公化險為夷，因此齊桓公對管仲的意見十分看重。管仲病重時，齊桓公去看他，問道：「關於治國之道有什麼建議？」治國之道可是大智慧，管仲是如何回答的？管仲說：「希望君王遠離易牙、豎刁、常之巫、衛公子啟方四人。」

沒有什麼大道理，只是遠離四個人。難道這就是治國之道？齊桓公對此也很疑惑，更讓他不解的是，這四個人都是自己身邊的侍臣，在齊桓公看來這四人都忠心耿耿。為什麼齊桓公喜歡親近這四人？

常之巫人如其名，是個巫醫。號稱能卜知生死，經常給齊桓公看病。遠離他還容易理解一些。但其他三人可都是忠臣啊！豎刁為了能服侍齊桓公，把自己都閹割了；衛公子啟方，忠心於事，十五年來一直勤奮工作，就連他的父親去世了，他都沒有扔下國事回家奔喪；而易牙對齊桓公更是一片赤誠，為了讓齊桓公嘗到人肉的美味，他甚至將自己的兒子烹煮來給齊桓公吃。不是忠誠於自己的人，會為自己做出這麼大的犧牲嗎？齊桓公無法理解，但他一貫相信管仲，所以就按照管仲的意見把這四人全部趕走了。

這四人一走，齊桓公就開始想念他們了，想得食不知味，不久便舊病復發，上朝都沒有精神了。就這麼堅持沒多久，齊桓公的信心開始動搖了，他想：

「管仲的看法會不會是錯的？」於是，他就又把這四人找回來了。第二年，齊桓公生病，常之巫出宮宣布說：「桓公將於某日去世。」於是，易牙、豎刁趁機作亂，他們緊閉宮門，建築高牆，不准任何人進出，齊桓公要求飲水吃食都得不到。衛公子啟方也聚眾爭國。齊桓公此時恐怕想買從古至今很多人都想買的一樣東西——後悔藥，但我們知道那是買不到的。

管仲是如何看出這四人不懷好意呢？他們不奔父喪、自我閹割、甚至殺子享君，又怎麼會不忠誠於齊桓公呢？其實正是由於他們這些超出常情的舉動，才顯得他們心狠手辣。

敬愛父母是不是人之常情？愛惜身體是不是人之常情？疼愛兒子是不是人之常情？試問，一個不敬愛自己父母，能狠下心不奔喪的人，對國君又有什麼狠不下心的？一個不愛惜身體，能狠下心殘害自己身體的人，對國君又有什麼狠不下心的？一個不疼愛兒子，能狠下心殺害自己兒子的人，對國君又有什麼狠不下心的？這四個人能夠沒有常情，不正說明有更大的企圖在誘惑著他們來做這些有悖常情的舉動嗎？能做出不近常情之事的人，其心不可測，因為誰也不知道他的下一步是什麼，因為他們行事完全在常理之外，誰也不知道他對什麼狠不下心來。因此，常情，未必只小意。人之常情，不只是兒女情長，不只是道德倫理，它更反映出一個人的價值觀念。

透過人做事是否符合常情，可以判斷出一個人的性格品性。例如，戰國時的著名將領吳起，為爭得魯國將領職位，領兵攻打齊國，不惜殺死自己齊國人的妻子，以顯示自己對齊國絕不留情的決心。這樣的人為了功名可以不惜妻子性命，因此，他做出任何事情恐怕都是有違「人之常情」了。明英宗天順年間，都指揮馬良非常寵愛妻子。其妻去世後，英宗怕他傷心，經常安慰他。可沒過多久，馬良就另結新歡再娶一房。英宗很生氣地說：「這傢伙連夫婦的關係都看得這麼淡薄，還能伺候我嗎？」是啊，連平日裡如此恩愛的夫妻之情都可輕易淡忘，他這個皇帝又怎麼能「拴」得住馬良呢？後來英宗對馬良處以杖刑並疏遠他。

中國人重視倫理道德，重視人與人之間的感情，因此「情法為天」。情是天底下最大的事情。親情、友情、愛情……這些倫常之情正是中國文化的核心。無論是三綱五常，還是道德宗教，都是以宣揚「情」為基礎。因此，這個「情」就演變成中國人的行為準則。由於這些「情法」準則形成了道德觀念，若行為超越了「情法」，就代表了超越道德。失去道德的準繩，人的行為就會變得不可預測。不可預測，則「變數」大、風險高。這也就是為什麼管仲、英宗因下屬做事不合情合理，就極力摒棄其人的原因。透過對人之常情的深刻理解，可以使得自己的行為更加安全。

唐朝著名軍事將領郭子儀，每每見客必有侍女多人服侍左右。但每次盧杞來見，郭子儀都把侍女撤走。他的兒子不明白是什麼原因，郭子儀說：「盧杞容貌醜陋，如果侍女看見他，說不準會笑出來。今日在我這裡遭到嘲笑，如果他日後得志，我們的日子就會難過了。」「打人不打臉、說人不揭短」，這是人之常情，郭子儀更厲害，連人家可能會因長得醜被笑而傷及自尊都考慮到了，難怪其為官一生鮮有政敵。

不過齊頃公就沒那麼聰明了。一次齊頃公入宮見母親蕭太夫人，忍笑不止。蕭太夫人問：「外面有什麼可樂的事情嗎？」「外面並無樂事，只是有一怪事！今有晉、魯、衛、曹四國各遣大夫來聘，晉大夫郤克是個獨眼，只能用一隻眼光看人；魯大夫季孫行父是個禿子，沒一根毛髮；衛大夫孫良夫是個跛子，兩腳高低不平；曹公子首是個駝背，兩眼只能觀地。四人各占一疾，又同時來到我國，堂上聚著一班鬼怪，豈不可笑？」

蕭太夫人覺得這事挺有趣的，便想去看看熱鬧。待到私宴時，蕭太夫人就在崇台之上等待。以往舊例，外國使臣來到，舉凡車馬僕從，皆由主國供應，以暫緩客人之勞。齊頃公為了博取母親一笑，特意從國人中選了眇者、禿者、跛者、駝者各一人，分別駕馭四公子之車。郤克眼不好使，便用眇者馭車；行父禿頂，便用禿者馭車；孫良夫跛，便用跛者馭車；公子首駝，便用駝者馭車。

車中兩眇、兩禿、雙駝、雙跛行過台下，蕭太夫人啟帷觀看，不覺放聲大笑，左右侍女也跟著大笑，笑聲直傳外頭。郤克起初看到馭車者目眇，以為不過是偶然罷了，待到聽見台上有婦女的嬉笑聲，心中大疑。宴會上也在想這件事情，越想越覺得不對，草草喝了幾杯酒，急忙起身回到館舍，問他人：「台上是何人？」「國母蕭太夫人。」

過了不久，魯、衛、曹三國使臣一起來到郤克館舍，對他說：「齊國故意使執鞭之人戲弄我等，以供婦人取樂，是何道理？」郤克說：「我等好意前來修聘，反被其辱，若不報此仇，非為丈夫！」行父三人齊聲說：「大夫若興師伐齊，我等奏過寡君，當傾國相助。」郤克說：「眾大夫若果有同心，不妨歃血為盟，伐齊之日，有不竭力者，天打雷劈！」四位大夫聚於一處，商量一夜，直至天亮，不辭齊頃公，私自登車，各返本國而去。回去之後會做什麼？

這次太傷自尊了，當然是帶兵攻打齊國，把面子討回來。齊國的國佐嘆道：「齊國自此將有外患了！」因譏諷遭致他國大興兵伐，何苦來著？都是因為齊頃公沒有理解：常情，未必只小意。

人好面子是常情，貪財其實也是常情。明朝人劉忠宣深知這個道理。他任官的時候，因得罪大宦官劉瑾而被派去戍守肅州。他兩袖清風，生活清苦。有位副將派人送禮物給劉忠宣，劉忠宣說：「我年紀大了，身邊只有一個僕人，每日開銷並不大。如果把禮物收下，僕人可能就耐不住清貧，起了貪念而把禮物偷走，到時連服侍我的下人都沒有了。」劉忠宣沒有收禮物，但他的判斷是正確的。同時戍守肅州的一位官員，收下禮物後果然被僕人偷走。劉忠宣之所以能判斷出「禮物非福而是禍」，就在於他對人貪財的常情的深刻理解。

財即利益，追逐利益，無論是物質利益還是聲明利益，這都是一種人之常情。臧孫子對此也深有感觸。齊國攻打宋國，宋國派臧孫子往南方求救於楚國。楚王非常高興，答應救宋。就在宋國人人為這個消息高興的時候，臧孫子卻很憂慮。他的下屬問道：「現在救兵已經求到了，您還擔心什麼呢？」

臧孫子說：「宋國弱小而齊國強大，為了幫助弱小的宋國而寧願得罪強大的齊國，這不符合常情。一般人遇到這種情況都會有所顧慮，但楚王卻答應得如此痛快。他一定是以出救兵為名，意圖讓我們宋國以為有所依仗，而不同齊國講和。如此一來，我們雙方就會持續開戰，彼此的兵力都會有所消耗，而楚國就能坐收漁翁之利了。」臧孫子看明白了，可宋國國君沒有明白，依然堅持和齊國作戰。果然齊國攻占了宋國的五個城池，而楚國的救兵遲遲未來。

人之常情，不僅僅作用於自己身上，其他人也有他的常情，這一點可以為自己所用。南齊人王敬則對此很有理解。他在任吳興太守時，制內多發生偷竊事件，抓了放、放了抓，一直得不到根本解決。後來，王敬則捉到一名小偷，把他的親屬全部叫來，當面對他施以鞭刑，而後派他長時間打掃街道。其實，這就和遊街示眾一樣了，而且連帶著把親屬的面子也給丟了。作賊的人面子上掛不住，就檢舉其他作賊的人出來掃街。其他小偷怕被認出來，都逃走了，制內從此清靜了。

深入解析

人情世故，這是我們經常聽到的一句話。很多人往往認為「人情世故」是小伎倆，認為這只是表面工夫，對此嗤之以鼻。但透過上面這些故事，我們會發現，原來「人之常情」包含這麼多道理。

那些看似落伍的、俗套的人之常情，由於幾千年的流傳，已經深入人的思想意識，逐步成為支持其行為背後的意識形態。對人之常情的深刻理解，可以讓自己準確地判斷出一個人的道德品質，從而避免看錯人、用錯人，而給自己帶來災難。管仲透過齊桓公身邊臣子違背常情的「狠得下心」，而得出這些人必將為禍齊國；臧孫子透過楚國國君違背人之常情的「兩肋插刀」，而得出楚國必定樂於看齊、宋兩國鷸蚌相爭。這兩個故事告訴我們一個道理：**人之常情是最大道理，不符合常情的事情必然有古怪**。

同時，對人之常情的洞悉，會使自己的行為變得不具有侵害性，從而避免為自己樹敵，避免使自己落入危險的境地。人之常情在引導我們自身行為的同時，也可以用來引導他人行為，從而取得比其他方法更有效的結果。

如果吳起不殺死妻子，讓自己的行為更具有人之常情，他或許會成為中國歷史上的一代名將，而不是像今天這樣為後世詬病；如果馬良能夠因懷念亡妻而傷心欲絕，明英宗也許不會認為他不忠誠，或許流傳於後世的就不只是「少年版」的「神筆馬良」；如果齊頃公能像郭子儀一樣不拿別人的缺陷取樂，他或許會成為一代名君為後世景仰。這幾個故事告訴我們：**別人會透過考察對方做事是否符合人之常情來評價一個人**。

敵人，未必非自立

漢宣帝劉詢時，渤海一帶鬧飢荒，老百姓沒飯吃，於是紛紛做起了盜賊的勾當。前後派去幾名太守都不能治理。此時有人向劉詢推薦已年過耄耋的龔遂，於是漢宣帝便派他去任渤海太守。不用說，新任渤海太守面對老問題：如何平息盜賊？

如果你是龔遂，你上任後會怎麼做？一字記之曰：剿？如明萬曆年間首輔丞相張居正般，「殺以止殺，刑期無刑」，「盜者必獲，獲而必誅」？當然這樣的方式也不能說沒有道理。盜賊嘛，不過是老百姓放下鋤頭拿起屠刀，不過是一群烏合之眾，用重兵征剿沒有不滅的道理。但換個角度去想：這將把國家及渤海帶往何處？陷入連年征戰不可避免，打仗就得要兵，養兵就得錢糧，本就飢荒哪來的錢糧？國家從國庫裡撥付，那就得在其他地方多加稅賦，那其他地方的老百姓會不會因吃不飽飯而造反？一波未平一波又起？會不會盜賊越剿越多？看來，剿之有弊端，達成結果恐怕也會有後患。

一字記之曰：放？這顯然不行。如果不理會盜賊，那麼盜賊的野心會變大。反正皇帝都對自己無能為力了，乾脆扯開大旗，拉上一票人馬，推翻這個皇帝，自己也做幾天皇帝玩玩。星星之火尚且可以燎原，何況現在已經是「橫行」了，這些百姓已經餓紅了眼睛，更何況這些紅了眼睛的百姓手裡還有可以殺人的刀！如果放任之，恐怕將來尾大不掉，到時局面將更難收拾。

此時，你會不會想：這些盜賊可真是的，不就是餓幾天肚子嘛，怎麼能上山做殺人越貨的勾當呢？怎麼能置「仁義道德」而不顧，做出此等傷天害理的事情？如果你有這樣的想法，很遺憾，盜賊在你的治理下恐怕永遠都不會平息了，因為你的眼裡只有盜賊而沒有百姓。龔遂沒有這樣想，所以他到任後很快平息了這場動亂，因為他眼裡只有百姓而沒有盜賊。

龔遂到任後，做的第一件事情不是開會，就如何剿滅盜賊布置戰鬥計畫；也不是先享受自己的太守上任之禮，他甚至把各地前來迎接他的官員和護送隊伍通通遣返。他做的第一件事情是：把捕捉盜賊的官吏都撤職。等一等，撤銷捕捉盜賊的官吏，不就是「放」的途徑嗎？當然不是，龔遂接下來下了一道命令：凡是拿著鋤頭和鐮刀等農具的人，都視為良民，官吏不得追問；拿著兵器的人，就是盜賊。他重新對盜賊進行了一次定義，而且定義很簡單：手裡拿著什麼。同時又發布了一些即將賑災、重振生產的條令。原先拿著兵器的老百姓聞聽這些條令，都紛紛放下兵器弓弩而拿起鐮刀鋤頭，渤海盜賊之亂沒費一兵一卒便平定了。

這就是龔遂的聰明之處：並不是所有的百姓都做皇帝，他們拿起武器無非是想有口飯吃。為了吃飯而做盜賊，說明他們怕死，不怕死就餓死算了，還做盜賊幹什麼？既然怕死，就先給他們死的定義：誰還繼續做盜賊，誰手裡還拿著武器，殺無赦！但如果僅僅是殺無赦的話，那不又陷入「剿」的途徑了嗎？

其實龔遂的「剿」，只是敲山震虎，先挫挫盜賊的氣焰。但與此同時，他給出了一條生路：放下手中的武器，這才是關鍵。要知道以前的太守派兵來剿，才不會考慮你是為了吃飯還是為了造反，反正就是一個殺。兔子急了還會咬人，為了保命百姓當然要拿起武器。但龔遂劃出來的道是：拿武器就死路一條，要保命的放下武器。都是剿，對於百姓的意義可不一樣。為了強化放下武器可以保命，龔遂進一步發布命令：即將賑災、重振生產。也就是說，放下武器的百姓馬上就有飯可吃，有飯吃就不會死，既然不會餓死，還拿武器去「找死」幹麻？所以百姓紛紛放下了武器，武器既然放下，當然也就沒有盜賊之說。

也許有人看到這裡會說：這很簡單啊，胡蘿蔔加大棒！其實不然，因為龔遂從來沒有想過用「大棒」！他在出任渤海太守之前，曾和皇帝說：「治理動亂的百姓如同理亂繩，不能操之過急，只有先緩和，後方可治理。」從龔遂後來發布的一系列條例來看，他要實現的第一個目標是：讓百姓放下武器。他沒有想到殺，而是想讓盜賊放下武器，因為在龔遂的眼中，盜賊根本不存在，他們只是一群餓紅了眼、為了吃飯而拿起武器的百姓。他要做的是教化百姓重新去做百姓。這個思想是大道，而前面所有的條令不過是術。龔遂的道可以理解為：

你把別人看成什麼，別人就是什麼。你把他看成盜賊，他就是盜賊，而且是要和你玩命的盜賊；你把他看成百姓，他就是百姓，而且是可以聽你指揮的百姓。龔遂的成功昭示了一個道理：敵人，未必非自立。也就是說：都是自己把對方推向敵人的懷抱。因為你認為他是敵人，你要消滅他，為了保命他就只能和你玩命，所以真的成了你的敵人！把「敵人」當作朋友的不只他龔遂一人，還有薛宣，不過他這回面對的是內部「敵人」。

薛宣任陳留太守時，高陵縣令楊湛和櫟陽縣令謝游都貪贓受賄。薛宣上任之後著手調查這件事情，最終掌握了二人的全部罪贓。如果你是薛宣，這時你會怎麼做？向朝廷彙報而後將二人繩之以法？這樣做當然不失為正義之士，但如此一來，會不會讓薛宣受此二人的嫉恨？會不會被報復？如果遭受了報復，就算沒有受到什麼損失，會不會也要因此浪費大量的時間和精力？放任不理，甚至同流合汙？這當然也行不通。因此，薛宣現在面對的難題是：如何把人家「扳倒」而又不遭人嫉恨？薛宣該怎麼做？

薛宣寫了封書信給高陵縣令楊湛。裡面詳細地列出了楊湛所犯的罪行，同時寫道：「你的所作所為都在信上了。我敬重你，不忍心將你的罪行公開，所以寫密信相告，想讓你自己考慮清楚。如果你自認我沒有誣賴你，你自己考慮進退，以後再做打算；如果你認為我胡說，那麼我們就正式、公開地調查，替你把事情弄清楚。」這話說得很明白了：你承認有這些事情，就自己辭職；如果你不承認，我們就公事公辦。楊湛自知罪行都符合，而且知道薛宣是給自己留了台階，沒有難為自己的意思，於是主動辭職，並且寫了一封回信感謝薛宣。對待櫟陽縣令謝游，基本也是此法，效果如出一轍。

薛宣查處貪官，應該算是個清官，算是個好人。而楊湛、謝游貪贓枉法，肯定是壞人。好人不是應該和壞人作鬥爭的嗎？為何要放壞人一條生路呢？因為好人只要讓壞人沒有機會繼續做壞事就可以了，沒必要一定要把壞人變成敵人。

薛宣的聰明之處在於：沒有把楊湛、謝游當成敵人。他認為自己只是在做分內的事情，只要能讓楊、謝二人辭職，無法再繼續惹事生非就可以了。從結果上看，他實現了這一目標，同時也沒有讓壞人成為敵人。這是薛宣的智慧所在：好人應該沒有敵人，因為好人要做的事情是去對付壞人，而不是與敵人周旋。

試想，如果薛宣因為抓住了楊、謝二人的把柄，公開地處理二人，二人為了保命、保名、保官，肯定會使出渾身解數來替自己解圍。那處理楊、謝二人的事必然會陷入一場持久戰，薛宣不僅要花時間去應付，同時還要小心他們二人給自己使壞。如果一個不小心，中了二人的詭計，被他們給陷害了，好人成了死人，那麼一切就都沒有意義了。因此，雖然薛宣有理，但他故意放低音量，以密信的方式私下把事情給了結了：楊、謝二人主動辭職。事後二人還相當感謝薛宣，因為薛宣從一開始就沒有把二人當成敵人，給人留了一條活路、退路，沒有趕盡殺絕，人家自然也就不會為了活命而與自己玩命了。

深入解析

生活中我們不希望有敵人，我們希望有朋友，希望所有人都是自己的朋友，多個朋友多條人脈。但許多人朋友並不多，甚至人緣非常差，這兩個故事也許會改變我們的人際關係。

在講龔遂剿匪故事時，為什麼他能夠成功地撲滅動亂，在於他「眼裡只有百姓沒有盜賊」。也就是說他從來沒有把自己面對的人當成自己的敵人，他沒有想到要把這些人消滅掉，而是希望這些人能成為自己的朋友。敵人都是自己立的。敵人之所以為敵人，是因為你把他當成了敵人。你認為他是敵人，他就會以敵人的方式來對待你。如果你總是覺得自己的敵人太多，請檢討一下是否是自己太喜歡把別人當成敵人？如果你眼裡只看得到天使，你就活在了天堂；

如果你的心裡只有魔鬼，你便陷入了地獄！龔遂的故事告訴我們一個道理：**角度決定內容**。

在講薛宣的故事時，筆者一直強調：「沒必要讓壞人成為敵人。」因為「好人應該沒有敵人，因為好人要做的事情是對付壞人，而不是與敵人周旋」！這話說起來容易，但做起來不容易，因為這首先需讓當事人撕去印象中的標籤。人有時容易對外面的事物產生一些主觀看法和結論，而且很難去改變它，這就是所謂「印象中的標籤」。以薛宣為例子，如果他給楊、謝二人貼上「壞人」的標籤，這樣便會走入死胡同，把壞人逼成敵人了——不是你死就是我活。薛宣的成功在於：他不關注「標籤」而只關心結果。薛宣的故事告訴我們一個道理：**別給別人貼上「標籤」**。

好惡，未必只私情

「你走，寡人不想再看到你！」說這話的是齊桓公，聽這話的是城陽大夫。大王很生氣，後果很嚴重！齊桓公輕飄飄一句話讓城陽大夫驚得一身冷汗，「這回慘了，撞槍口上了。大王為何如此氣憤？究竟我哪裡做錯了」？城陽大夫心想。還沒等他緩過神來，只聽齊桓公繼續說道：「你口口聲聲說對寡人忠心耿耿，可你卻連你自己族人的生活都不顧。對待你至親的人尚且如此，怎能讓寡人相信你一片赤誠？從今日起，寡人不要再看到你！」城陽大夫就這樣被丈二金剛摸不著頭腦地免職了，且被齊桓公勒令不准踏出家門一步。齊桓公究竟為什麼這麼做？

在說齊桓公此舉為何之前，先要說說這個城陽大夫。這位大人位高權重，家中妻妾成群。他的妻妾每個都穿著用細葛布做成的華貴衣裳，就連她們所養的寵物，吃的都是上好的穀粟。城陽大夫每天生活在酒池肉林、笙歌舞榭之中。

看到這些，城陽大夫是如何地貪婪、肆意享樂，想必大家心知肚明。而他的族人，卻每天衣衫襤褸、食不裹腹。看到這些，城陽大夫又是如何地尖酸刻薄，想必大家也能夠了解。看了以上這些，你也許會想：齊桓公罷免城陽大夫，是因為他貪婪且沒有同情心，因此要懲戒他。不過，這並不是齊桓公此舉的真正目的。

為了進一步了解齊桓公此舉的真正用意，還要再來看看當時的社會環境。人的任何行為都離不開他所處的環境，脫離環境談行為只會錯誤地解讀行為。

當時的社會環境是怎樣的呢？那時齊國的大夫都很熱心一件事情——積斂家財。但在他們瘋狂斂財以圖享樂的同時，卻不願意捐一些錢財來接濟有需要的人。這些大夫家中的糧食，由於囤積太多、太久，都已經開始腐爛了，但他們卻不願意開倉濟民。齊桓公想要讓大夫踴躍捐贈，卻又不能明說，為此很是頭疼。後來管仲給齊桓公出了這個主意，於是城陽大夫就這樣做了被殺給猴子看的「雞」。

此舉大有成效，馬上就有大夫明白齊桓公的意思了。其他大夫聽說此事後，都紛紛關心起自己的親戚和朋友。有更明白事的，馬上捐金獻糧，甚至收容國內貧苦無依的百姓。據史書說，從那以後齊國再也沒有飢民。看明白了嗎？這正是齊桓公罷免城陽大夫的主要目的。

齊桓公想要大臣捐糧，可又不好硬性攤派。這些大臣呢，又都裝糊塗。任憑你齊桓公如何暗示我，我就是不懂你的心。這時管仲給齊桓公出了這個主意，說穿了其實很簡單，就是俗話說的「殺雞儆猴」。但實際上，這簡單的事情並不簡單。

這個殺雞的人很重要，他必須是「上」。上是上級的意思。人貪婪起來就會迷失本性，別說殺雞儆猴，如果他忘乎所以，就是殺猴給雞看，他都不一定看。但他在面對「上」，尤其是一個強勢的「上」時，必然會仰其鼻息。齊桓公的強勢自然不用說，在齊國肯定是齊桓公最大，因為他在整個國家的頂端。即便是身處上層建築的大夫，也得看他的臉色行事，因此這些大夫肯定要留意齊桓公高興與否了。如果這件事情是管仲做的，恐怕大臣就不會如此擔心了，因為管仲不是「上」。

這件事情還有一個有意思的地方：齊桓公為什麼要在免了城陽大夫之後，勒令他在家不准出家門一步呢？其實這個特別地方，只是為了讓這個事情顯得特別，以讓各位大夫重視這件事情。試想，一個國家的人事任免不是很正常的事情嗎？經常有人「上調」有人「下台」。如果齊桓公把這個大夫罷免後就沒下文了，其他的大夫還會把它當回事嗎？不會，這事情見多了，都「視覺疲勞」了。但現在這件事不一樣了，不單免職，還要求在家閉門思過。齊桓公讓城陽大夫在家想什麼呢？大家就會關心起城陽大夫為什麼被免職，同時也為避免自己再摸到老虎屁股。但這件事情誰最能解釋清楚，只有齊桓公和城陽大夫。這事情恐怕不好直接問齊桓公吧，那只有問城陽大夫。所以打著「安慰」的幌子，這些大夫肯定要到城陽大夫的家裡去看望他，自然也就會問及其被免職的原因。

此時，城陽大夫已經在家思過幾天。他不琢磨也得琢磨，不准出門，家裡連個能商量事情的人都沒有。碰到有人來看望自己，他肯定樂於和人家「探討」這件事情。幾個人一聊，就能把事情給展開了，就能探尋出事情背後的深層原因了。最後，在「腦力激盪」中，大家知道了：不照顧族人是表，不樂於捐贈才是根。大家把事情想明白了，也就明白齊桓公希望他們做什麼了。

說到「上」，就要提及一句話——「上有所好，下必甚焉」。其實上有所好也好，上有所惡也罷，「好」與「惡」都是「上」的關注點。因為他是「上」，下面的人自然會揣摩他的心思，並根據他的喜好來做能令「上」滿意的事情。管仲給齊桓公出的主意，正是利用這一點，讓齊桓公表現自己的關注點：我現在關注百姓的肚子問題。那下面的大夫自然要想，怎麼做齊桓公才會高興，怎麼做才不會觸霉頭，和城陽大夫一樣被罷免。因此，才會有後來的如齊桓公所願的局面出現。因此，好惡，未必只私情。尤其是對於「上」而言，因為這些好、惡正是其關注點，如果「上」能夠利用好這些關注點，必然會引導其下屬的行為。正是這個原因，經常聽到皇帝說：「家事就是國事。」套用這句話來說：「上的好惡就是下的行事標準。」

齊桓公很理解這一點，他經常利用自己的好惡來引導下屬的某些行為。有一回，因為齊桓公很喜歡穿紫色的衣服，下面的大臣投其所好，紛紛穿起紫衣。結果這股風氣渲染了百姓，大家效仿起來，全國上下都盛行紫衣。於是一天上朝的時候，齊桓公對穿紫衣的大臣說：「寡人最討厭紫色了，可你們偏偏都穿這樣的衣服，以後如果再穿紫色的衣服，就不要在我眼前出現。」結果可以預想，從那以後，齊國再沒有穿紫衣的人了。

齊桓公不僅會利用自己所「惡」來影響下屬行為，同時也善於利用自己的

「好」。一次，齊國權貴忽然流行起囤糧來，使得糧食的價格日益翻漲。

老百姓因為糧價上漲，紛紛拋售家中糧食，雖然換了錢，但全國的糧食都集中到富人手中了。這樣的局面對國家而言相當危險，如果碰上災年，百姓沒有糧食吃，而此時家有囤糧的富人就可以高價銷售糧食。價高，百姓買不起，就要挨餓，老百姓餓肚子就可能出現動亂。因此，齊桓公希望百姓不要變賣糧食，而是存起來以備不時之需。

一天，齊桓公聽說有一戶人家新建了兩個穀倉，於是就以璧玉把此人聘用為官，以表示自己對修建糧倉、儲存糧食行為的喜歡。在當時，老百姓想當官可不是什麼容易的事情，除了能力之外，門第、學識、關係那是一樣都不能少。現在忽然有這麼好康的事情：只要修糧倉存糧就能當官，百姓還不樂瘋了，於是紛紛開始修建糧倉、儲存糧食。瞧，齊桓公只用了一個微不足道的小官職就把事情順利辦妥了，還得到了自己想要的結果。由此可見，好惡，未必只私情。

與第一次罷免城陽大夫來勸導大夫捐贈不同，脫紫衣和存糧食兩件事情，齊桓公都是很直接地表現出自己的好惡。這三件事情之間有什麼不同呢？為什麼勸導大夫要費一些周折呢？

脫紫衣，雖然受影響的是大夫，但畢竟不是什麼大事，直接一點，別人還能接受。所以這是小事，可以直接辦。而存糧食，受影響的是百姓，如果繞個彎，資訊再經過幾個人的嘴，說不定會走樣，而且如果再在中間耽擱甚至停止，糧食就要被富人買光了，到時百姓明白過來也沒有意義了。因此，這個事情是急事，要快辦。

可勸導大夫捐贈不同。第一，面對的是大夫，作為國家運轉的關鍵人物，他們是否能接受、是否願意接受還要考慮周全一些。如果直接讓大夫捐錢、捐糧，這不是「明搶」嘛。搶人家東西，人家當然會有意見了，所以不能太直接。

第二，這是件大事。影響面積大、針對人群數量大、實質問題——「錢糧」分量也大。所以不能太急，否則就會出問題。因此，齊桓公不直接表露「好惡」，而是繞了個彎，甚至還打著「不接濟族人」的幌子。這只是放風。如果底下的反應不如預期，迴轉的餘地也會大一些。

由此可以看出，好惡，未必只私情。即便是出於公心，在針對不同的人事物時，也應該採取不同的策略。

深入解析

透過向外界傳達自己的好惡，齊桓公很輕易地引導了整個國家的風氣，並得到了自己想要的結果。可見，個人的喜好並不是那麼簡單，它也影響著我們最終得到什麼樣的結果。

齊桓公穿紫色衣，很正常也很私人的一件事，沒想到整個國家跟著「萬里江山一片紫」，對於他而言卻由此引發了一個風潮，因此，齊桓公不得不注意自己的一言一行。其實對於我們普通人也一樣，一個人的好惡並不僅僅是個人的事情。例如，有的人不願意參加公司舉行的團體活動，為什麼？性格比較內向，在那樣的場合會覺得不自在。沒錯，這是你的性格所致，是你個人喜好，別人不應該因此而指責你。但現實是，由於你不參加集體活動，只會讓同事覺得你孤僻桀敖，覺得你不合群，那同事關係會不會因此而緊張呢？齊桓公穿紫衣的故事告訴我們一個道理：**你無法總是自己一個人！**

齊桓公自己喜歡穿紫色衣服，但為了引導風氣，他不得不說自己最討厭紫色；一個普通的百姓建糧倉，根本沒有受提拔做官的資格，因為不見得他有官員應有的能力，但為了讓百姓儲糧，齊桓公還是要提拔這個人做官。齊桓公真的高興這麼做嗎？不見得。但沒辦法，他只能這麼做，因為他是君主，他要為整個國家負責。在生活這個舞台上，就像戲台上演戲，扮演什麼角色就得唱什麼腔，做他該做的事，擺出應有的身段，甭管心裡多苦，該笑時你得笑；甭管心裡多高興，該哭的時候就得抹眼淚！什麼樣的身分就得做出符合該身分的行為！齊桓公的故事告訴我們一個道理：**你不是只為自己而活！**

明倫，未必不化俗

魯國的法律規定：如果有誰能將那些做了諸侯妾室的魯國人贖回，可以從官府拿回贖金和獎金。有個人就真的從諸侯那裡贖回一個魯國人，但他卻不肯接受按規定可領取的贖金和獎金。於是這個人的老師就說：「他的做法錯了。」這位老師還有一位學生，一次這位學生救了一名溺水的人。被救的人為了感謝他，就送給他一頭牛，這名學生推辭一下就收下了，這回老師很高興。

學生愛護本國人民，把人從諸侯那裡贖回來，不計較金錢，這是多麼崇高的行為啊！可這位老師卻因為學生沒有接受贖金而不高興。而另外一位學生，救了別人卻收下被救之人的禮物，本以為是一件見義勇為的行為，結果原來是貪圖人家的報答，這不是「施恩圖報」嗎？而這位老師居然高興得不得了。這位老師是不是見錢眼開？是不是唯利是圖？沒有崇高的風節，沒有令人敬佩的舉動，滿身銅臭，這位老師是不是俗不可耐？

但如果你知道這位老師是誰，相信就不會這樣認為了。這位「俗不可耐」的老師，正是「子曰」的孔子，那贖人的學生是子貢，收牛的學生是子路。孔子是什麼樣的人？這個問題顯然不需要回答，他是聖人，恐怕再也沒有比他更有資格享受「崇高」這一評價的了。既然是孔子說過的話，想必是有一番道理存在的，那麼這個道理在何處？

孔子因子貢贖人不收贖金的事情而不高興，他說：聖人的行事可以移風易俗，教化百姓，不只是自己的行為高尚就行了。當今魯國富人少窮人多，拿回贖金並不損害自己的道德，不拿回贖金就不能鼓勵其他人來效法了。」而當他聽到子路救人收牛的事情後，高興地說：「以後一定會有很多魯國人勇於拯救溺水者了。」

本以為「高風亮節」的子貢，沒顧及自己的行為對別人有何影響，他錯就錯在他以為自己是「一個人在戰鬥」。魯國之所以要發表這樣的法律，就是希望有更多人去回應。但制定法律的人也知道，趨利避害是人的本性，因此才會提出獎勵制度。現在子貢做了好事，把人從諸侯那裡贖回來了，結果他卻不願意去領獎金。他自己是成為道德標竿了，可沒想到這會帶來怎樣的影響。想想，不是所有人都這麼崇高的，如果有人為了獎勵做事，現在卻因為子貢這樣「高風亮節」，其他人還好意思去要獎金嗎？那這個獎金等於是不存在，去贖人的人也會少了許多，那不就意味著會有更多的魯國人要做人家諸侯的妾室嗎？這裡有人「贖」，有「贖」就有「賣」，被賣去做小妾的人，不就是掉火坑裡了嗎？因此看似「高風亮節」的子貢，其實是把很多有希望從火坑裡爬出來的人又「推」下去了。正因如此，孔老夫子才會不高興。

同樣的道理，子路救人後收禮物，其實也是給這個行為立了一個「道德標竿」。這個「標竿」儘管看似不怎麼「道德」，卻給了更多人捨己救人的理由。因為救人之後可以名正言順地收受禮物，送禮的人因為撿回一條命，送點禮物也不見得有什麼不樂意。需要注意的是：子路並不是自己索要禮物，而是人家想送禮物表示感謝，他也就領了這份感謝。從這點來說，這個「標竿」還有一定「道德」意義的，也就是說：救人後，如果被救的人願意感謝，就可以得些實惠；如果不感謝，救人的人也沒有損失什麼。正因為他有這個宣導作用，所以孔子才說：「以後一定會有很多魯國人勇於拯救溺水者了。」

每個人的行為都不是單一的，都會產生一定的影響，因此，不應該只著眼「行為標竿」，該思考這個「標竿」會產生什麼樣的社會趨勢？這樣的事情會產生什麼利害影響？拯救溺水者也好，救贖被賣的人口也罷，都可以上升到倫理道德的範疇。

倫理道德是件大事，但這樣的大事在孔子的眼中卻又是很小的事情，因為在他看來，這都是風氣的問題，而風氣可以透過「標竿」人物的「標竿」行為來影響。套用一句很有名的話：「這個世界本沒有風氣之說，做的人多了，風氣自然就產生了。」就如子路一樣，經他的「標竿」之後，魯國勇於拯救溺水者的人多了，這樣的事情做的人多了，也就成了一件自然的事情，這樣一個倫理道德的事情，就漸漸成了一種風俗，一種大家都能接受的行為準則。

所謂：明倫，未必不化俗。以更符合大眾價值觀念的「標竿」行為來宣導教育，更利於改變風氣。從這個角度來看，就明白孔子為什麼對子路的行為更加讚許，因為他的行為要比子貢更利於引導百姓行善舉，而這正是最大的善舉。懂得這個道理的不僅僅是孔子。

後漢有個叫賈彪的人，因為孝順廉潔，被郡國推舉為孝廉，而後做了縣太爺。偏巧沒過多久，縣裡同時發生了兩件案子。一是一夥強盜在城南劫財殺人，二是城北有個婦人要殺死新生兒。有案子，賈彪自然要去查辦。下屬便問去城南還是城北，賈彪生氣地說：「強盜害人是常有的事，母子相殘卻背逆天道。」於是趕赴城北查辦婦人的罪。當時城南的盜賊聽說此事後，紛紛良心發現，主動來投案自首了。明確了倫理道德，不好的行為也會受到改變，可見，明倫，未必不化俗。不過此處的「化」不是「演化」，而是「化解」；「俗」不是「民俗」，而是「不好的事情」。賈彪以倫理道德為基準，認為沒有任何事情比違反道德更嚴重，這才讓更多的人明白倫理的重要。如果說賈彪先抓盜賊，忽視倫理慘案，那只會造成更多倫理悲劇的發生。

用明確倫理道德來化解不好的行為，引導其他人向「善」靠攏，元朝的何真和宋太祖趙匡胤也都明白。元順帝至正年間，廣東有王成、陳仲玉作亂，何真率領義兵擒拿了陳仲玉。而王成卻建築營寨防守，圍攻了許久都無法攻破。

何真懸賞一萬錢捉拿王成，王成的家奴綁著主人來求賞。家奴請求賞錢，何真如數給了他，又派人準備了用來烹人的湯鑊，然後命人把家奴綁起來放在湯鑊車上，命部下將他烹煮了。何真說：「有家奴綑綁出賣主人的，以後都比照這種方式處理！」與此相似，宋太祖趙匡胤剛被擁戴為皇帝時，陳橋的守門人拒絕讓他進入。趙匡胤只好轉道封邱門。封邱門的守衛很「明白事理」，老遠就敞開城門讓他進城。可太祖即位以後，卻下令處死封邱門的官吏，而賞賜官位給陳橋的守門人，以表揚他對前朝的忠心。

何真和趙匡胤的例子很類似，日後還有清朝入關時，康熙帝曾組織修編《貳臣傳》，用來批評那些背叛前朝、投降到清朝的前明舊臣。其實都是一個道理，為的是明確「忠」的倫理道德，以化解民眾「見利忘義」的不妥行為，引導大家向「忠」靠攏。可見，明倫，未必不化俗。其實明倫不僅僅使用於組織的領導者，也適用於普羅大眾。

宋哲宗登基後，由於年紀還小，很多大臣根本不把他放在眼裡。大臣有事上奏，都是直接向宣仁皇太后稟告。偶爾哲宗有話要說，大臣也都認為是「小孩亂說話」，根本不予理睬。只有蘇頌一人，每次奏事時，在稟告皇太后後，必定再稟告哲宗，哲宗說的話，他也都極力去辦好。到了紹聖年間，哲宗親政了，他開始算舊帳，把當初那些不理睬自己的、元祐時期舊黨的老臣都貶職了。有人想彈劾蘇頌，哲宗卻說：「蘇頌素明君臣之義，不要輕率議論這位國家的元老。」蘇頌明白「君臣之義」的倫理，因此保住了自己的小命——這個世界上最俗也最重要的事物。這不也應了那句：明倫，未必不化俗。

深入解析

倫理道德，沿襲幾千年的四個字，卻也是中國歷史上最重要的四個字。所謂明倫，即是透過「道德標竿」來改變風俗，引導大家一心向善，改變世人不好的行為和習慣，從而產生對組織更有利的影響。

看似高尚的義舉，卻是組織他人效仿的主要障礙；看似卑下的惡行，卻可以讓更多的人見義勇為。原來，所有行為的結果並不只作用在自己身上，還有一個對周邊環境的引導作用。孔子之所以讚賞子路做事的方法，是因為這樣更利於形成一種風氣。很多事情往往是這樣，說得多了，做得自然多了，做的人多了，往往就成了習慣。只要這個習慣是對個人、社會有益的，那麼無論最開始做這個行為時的出發點有多麼功利，沒關係，重要的是目標已經達成了，重要的是有益的習慣已經養成了。大多數人往往更關注出發點，認為做事的原因更重要。其實不然，真正重要的是如何做，以及做了之後會得到怎樣的結果。所以，不要孤立地看待一件事情，不要只因為最初的原因來決定事情做與不做，要更宏觀地看待一件事情，要用向後看的方式看待一件事情。孔子對兩位弟子的評價，告訴我們一個道理：**行為所傳遞的訊息比行為本身更加重要**！

倫理道德這樣的大教義、大道理，實際是由很多世俗化的行為構成的，沒有行為，大道理也僅僅是空口說白話。任何高尚的東西，最後都有可能世俗化。偉大的哲學家蘇格拉底，臨死前最後一句話說的是什麼？不是「生存和死亡」，不是「生命的意義」，而是「我還欠鄰居家兩隻雞錢」。讓人跌破眼鏡嗎？不，在我看來，這句話正非常通俗地解釋了「生命的意義」。這也是為什麼何真和趙匡胤要以殺人來教化忠誠，為什麼蘇頌以事實向皇帝（即便皇帝只是一個小孩子）彙報來恪守君臣綱常。他們的故事告訴了我們一個道理：**世俗的東西也能彰顯大道理**！

錢財，未必真小利

王翦是秦國著名的將領，曾在秦始皇平定趙、燕等地時立下汗馬功勞。因為王翦戰功卓著，秦始皇對他日益看重，經常委以重任。一次，秦始皇命王翦率領六十萬大軍攻打楚國，六十萬大軍基本是秦國全部的兵力。出征之時秦始皇親自為王翦送行，沒想到王翦卻在此時向秦始皇提出了要求。

王翦請求秦始皇賞賜自己大批的田宅，秦始皇問道：「將軍你即將率領軍隊去打仗，怎麼在此時還考慮這些身外之物呢？」王翦答說：「臣身為大王的將軍，這麼多年打拚雖然戰功無數，卻始終未被封侯。現在大王委臣重任，所以冒死懇求大王賞賜，實在是為子孫日後的生活著想。」秦始皇一聽，哈哈大笑。更令人驚訝的是，王翦率領大軍尚未出國，又先後五次派人向秦始皇要求封賞。有人對王翦的做法很不解，就勸說他：「將軍你如此三番五次地向大王要封賞，有些過分了，難道你不怕大王因此動怒砍你的頭嗎？」

王翦的舉動確實很危險，想一想秦始皇是什麼人？一個有著雄心壯志且最終實現統一中國的人，這樣的人能夠被人所脅迫嗎？他王翦臨陣請封，抱怨自己沒有被封侯，甚至連他子孫的賞賜都要了，這樣的舉動能為秦始皇所容忍嗎？另一方面，王翦的舉動又很令人費解。他是什麼人？是軍人，是在沙場裡打滾的軍人，是在沙場裡見慣了生死的軍人，一個看透生死的人為何又會如此貪財，如此貪索身外之物呢？難道看了那麼多生死的他不知道人死萬事空嗎？

王翦對這個問題做了很好的回答，他對左右人說：「夫秦王怚中粗而不信人，今空秦國甲士而專委於我，我不多請田宅為子孫業以自堅，顧令秦王坐而錢財，未必真小利疑我耶？」原來王翦早就看透了秦始皇。他認為秦始皇生性多疑，故而用人不專。現在他王翦率領秦國全部的兵馬，兵權旁落的秦始皇能心安嗎？因此，王翦以為子孫要田產為藉口幾次索賞，實際上是緩解秦始皇對自己的猜疑。

試想，一個如此顧念子孫的人，豈會捨棄子孫帶兵造反？難道他不怕因自己造反而使子孫遭難嗎？既然王翦是一個這麼看重子孫的人，就不會帶兵造反。如此，秦始皇交給他的六十萬兵馬就不會成為一顆炸彈，王翦因此不會受秦始皇猜疑而陷入困境。

似乎做君主的都不怕下屬貪財，因為下屬只是貪財，而不貪權、貪名，這樣的人才更容易拉攏，也更容易控制，而且沒有篡權奪位的危險。因此，聰明的下屬總是以貪財來化解君主對自己的猜疑，從而避免自己陷入困境，可見：錢財，未必真小利。王翦表面上貪圖富貴，實際上這正是他給自己求的護身符，以此保住自己的地位甚至性命。

秦始皇不怕下屬貪財，漢高祖劉邦也不怕，他還最喜歡賞賜給下屬大量的財富。漢高祖三年（公元前二〇四年），蕭何鎮守關中，此時劉邦正與項羽在前線打得難分難解。但即便戰事如此緊張，劉邦還是沒有忘記賞賜蕭何，幾次派使者慰問鎮守關中的宰相蕭何。漢高祖十一年，淮陰侯韓信在關中謀反，呂后用蕭何的計謀誅滅韓信。劉邦知道韓信被殺的消息後，馬上派使臣任命蕭何為相國，加封五千戶邑民，另派士兵五百人和一名都尉為蕭何的護衛兵。

漢高祖十二年，英布叛變，劉邦御駕親征。這次劉邦依然沒有忘記蕭何，幾次派人賞賜他。假想自己是蕭何，一定很高興：國君如此看重自己，自己不單得到了財富賞賜，更得到了君主的信任。蕭何起初也這麼想，結果竟差點喪命！

漢高祖三年，有一回蕭何正為了得到賞賜高興，一個叫鮑生的人的一席話卻讓蕭何的喜悅霎時煙消雲散。鮑生對蕭何說：「現在君主在前線打仗，飽受野戰之苦，卻幾次派使者來慰問您。那是因為君主對您心存疑慮，害怕您在後方有變故，因此才用金錢束縛您的手腳。現在最好的辦法，就是您派兄弟、子孫中能打仗的都到前線去與君主並肩作戰。這樣君主才會消除心中的疑慮，而更加信任您。」

此時蕭何才恍然大悟，於是採納鮑生的建議，此舉深得劉邦讚賞。如果蕭何不這樣做會如何？他這樣做了，所以不好假設。但與他有同樣遭遇的晁錯就不同，他就是讓皇帝在前方打仗而自己留守後方，因此招來禍事喪命。

與漢高祖三年一樣，十一年加封相國，也險些讓蕭何陷入困境。當時因他之策而誅滅韓信，劉邦大賞蕭何，很多人都來向蕭何道賀，唯獨陳平向蕭何表示哀悼之意：「君主在外面打仗，而您留守關中並沒有建立任何戰功，為什麼君主在此時給您賞賜？因為淮陰侯謀反剛剛被平，君主此時賞賜您，表示他擔心您成為下一個韓信。他派的衛兵並不是來保衛您的，那是保衛國家的，一旦您有反叛的跡象，這些衛兵不就是最近的征討之軍嗎？」此時蕭何才明白過來，原來這些賞賜不是糖，而是懸在自己頭上的一把劍。於是馬上向劉邦懇請不受封賞，並將家中的財產全部捐出用做軍費，劉邦看蕭何如此忠誠，自然也就放心了。

為什麼劉邦這兩次對蕭何的賞賜，不是保命之符卻是索命之刀了呢？因為賞賜的人不一樣了，賞賜的時機也不一樣了。王翦面對的是秦始皇，而蕭何面對的是劉邦。秦始皇本就生於帝王之家，他對財富的觀念顯然不會與出身貧民的劉邦一樣。且當時王翦是帶兵上前線，而蕭何是坐守後方，劉邦在前線打仗。在前線打仗的王翦貪財，表示這個人心有牽掛，有牽掛的人就不會做出一些出格的事情。而且此時他索要賞賜，可以理解為陣前懸賞，這也只是一個讓他努力的目標而已，既然他的目標是錢財，秦始皇當然不會怕他有謀反之心了。而現在劉邦的生命正受到威脅，安穩坐在後方的蕭何如果貪財，劉邦解讀的資訊可就不是這樣了。我在前面打仗，你卻在後方享福，你心裡還有我這個帝王嗎？你在此時還如此貪財，是不是另有想法，等日後你擁有了大量的財富，會不會以此來建立自己的隊伍？拉攏其他人？如果劉邦開始想這些問題，蕭何的日子還會好過嗎？

從另外一個角度來看，劉邦在前線賣命打仗、生死命懸一線之時，居然還能想起安撫蕭何來，不正說明了他不放心蕭何，要用錢財收攏蕭何的心嗎？如果想不起來，才說明他信任蕭何呢，人在危難時刻是不會疑心自己信任之人的。如果說劉邦賞賜蕭何是因其表現出色，那也應該是等他劉邦回來後再賞賜，一邊打仗一邊賞賜，怎麼想都有蹊蹺。因此，這兩次賞賜蕭何的目的都是為了試探他。同為錢財，在不同的情境下，意義也大有不同。可見，錢財，並非真小利。

按理說，前兩次蕭何險些陷入困境，在十二年劉邦又來賞賜蕭何，此時他應該不會接受了吧，可這次蕭何不僅接受了，而且變本加厲地大肆低價收購百姓的田地，錢不夠了就簽借據。蕭何此舉又是何意？

其實此時雖然同樣是劉邦在前線打仗，但蕭何已經不是從前的蕭何了。這麼多年，蕭何已經積累了相當的威望，同時他已經位列相國，一人之下萬人之上。

也就是說，蕭何已經讓劉邦賞無可賞了，因為他已經無法繼續提升官職。在封建社會裡，蕭何已經走到頭了，再往前走就要取代劉邦做皇帝了，這樣不但功高震主，還有篡位奪權的嫌疑了。此時，他和當年王翦的境遇就相同了。因此，蕭何低價買田，甚至欠債買田，都和王翦向秦始皇請求賞賜田地一樣，不過是以貪財之舉，緩解君主對他的猜疑。

蕭何用行動告訴劉邦：我從來沒有想過皇帝的位置，我沒有那麼大的野心。我只想買點地，積攢點田產安穩度日。人有了財產，有了地，就有了牽掛，也就不會想著謀位篡權的事情了。果然劉邦在平定英布之亂凱旋而歸後，聽聞百姓控告蕭何廉價強買民田的消息，不僅沒有動怒，心裡還很高興。人說「成也蕭何，敗也蕭何」，套用過來講「成也錢財，敗也錢財」。可見，錢財，未必真小利。

後唐時，有個郭崇韜為官一向清廉正直。可自從他到任洛陽後，卻大肆收受他人的贈禮或賄金。他的朋友都看不過去，紛紛批評他的這種行為。郭崇韜卻說：「我現在做了這麼大的官，每年的俸祿賞賜已經幾輩子都花不完了，我怎麼會把別人送的這點錢財看在眼裡呢？但現在戍守各地的藩鎮，大部分都是後梁歸降的將領。如果我堅持不接受錢財，這些人會心存顧慮的。」

原來郭崇韜收錢財，也是為了消除顧慮，差別在於他不是對上而是對下。

想想也是，這些歸降的將領才剛認識郭崇韜，他們怎麼會知道郭崇韜是一個什麼樣的人呢？如果他們給郭崇韜送禮卻被人退回，他們會怎麼想？郭崇韜看不起自己？郭崇韜不把自己當自己人？郭崇韜心裡防著自己嗎？有了這些想法，他們還會和郭崇韜一條心嗎？不能，一定會心存芥蒂。不和郭崇韜一條心，不就是不和後唐一條心嘛！不一條心會怎樣？就會懷念與別人一條心的時候，就會想起後梁的時代。如此一來，說不定就會有人起來「反（後）唐復（後）梁」了。本來沒事，結果因為郭崇韜不收禮物，或許就會生出許多事情來。同樣是錢財，代表的意義可不僅僅是錢那麼簡單，還是那句話：錢財，未必真小利。

深入解析

俗話說：人為財死，可見錢財具有很大的魔力。因財可以榮，因財也可以辱，錢財甚至還能左右人的生死。錢財，未必只是一點蠅頭小利，它本身就是一篇大文章。生活中免不了利益糾葛，面對利益，是要還是不要，這是個問題。許多人在職場面臨這個問題時，都不知道該如何取捨。我該不該向老闆提出加薪要求？公司最近發放給自己的獎金是否該和同事分享？同事請客送禮，收還是不收？

其實這些問題都不能一概而論。從蕭何的例子中，我們可以看出，他接受賞賜可能會死，他貪財斂地卻為他換來了生。錢財本身並不是問題，因什麼得財，所處的時機、面對的人事物、錢財本身所代表的意義才是問題關鍵。蕭何的故事告訴我們：**面對錢財時，首先須認清其背後代表的意義！**

經常有人批評拜金觀念，似乎錢財是萬惡之源。王翦卻在上陣之前拚命地向秦始皇要賞賜；蕭何為了買地甚至舉債簽借據；郭崇韜錢多得花不完，卻依然收受下屬的賄賂。他們並不是真的貪錢，只是希望透過錢財向外界傳達特定的資訊。其實，錢財並不是萬惡的，它只是一個工具而已，善良或醜惡取決於如何運用。如果用得好，可以化解矛盾，可以拉近彼此之間的關係，可以避免被猜疑，甚至可以安身保命。他們的故事告訴我們一個道理：**錢財是福是禍，取決於我們的財富觀！**

容過，未必非容福

宋朝人郭進任職山西巡檢，主要負責訓練甲兵、巡邏州邑、擒捕盜賊的事。有一個下屬因嫉恨郭進，便到京城告御狀。皇帝召見了他，認為他是誣告，就把他抓起來遣送回山西，交由郭進處理，並告訴郭進要殺要剮憑他決定，不用再上報。

背地裡捅刀子，暗夜裡砸黑磚，這樣的人是不是很讓人討厭？是不是有殺了他的心？各位看官會怎麼處置這個軍官？讓我們來看看郭進是如何處置的。

當時正值並州賊寇入侵，郭進對這個軍官說：「你告我無非是怨恨我沒有給你升職。現在我赦免你，給你立功的機會。如果你能消滅這些敵寇，我就推薦提拔你；如果你失敗了，就自我了斷吧，免得弄髒了我的劍。」這個軍官本以為必死無疑，沒想到現在不僅死罪被赦免，還白得了一個立功的機會，自然奮不顧身拚死作戰，結果大獲全勝。

為什麼郭進不殺他？難道郭進沒有什麼本事，自己平定不了並州賊寇嗎？

為什麼郭進要放過這個軍官呢？因為他容的不是一個人的過，而是所有下屬軍官的過，他要向所有下屬傳達一個消息：只要有功勞，我一定不會抹殺。有下屬告狀：「我上司壓制我。」作為告狀人的同事第一反應是什麼？無風不起浪，郭進大概平時就很壓制這個人。試問，作為將領，最怕的事情是什麼？當然是下屬與自己心不齊。殺了這個軍官很容易，自己不僅有這個權力，而且也得到了皇帝的許可。但殺了他又能如何？無非出了一口惡氣而已，其他軍官反而會更認定郭進經常欺壓下屬了。

另外，考慮一個問題：皇帝是一個小軍官想見就能見的嗎？當然不是。那他怎麼見著皇帝了？因為皇帝主動想見他。皇帝為什麼想見他？因為皇帝可能對郭進也不放心，想聽聽下面人的聲音。聽了就聽了，為什麼知道是誣告後，還要把他遣送回山西，讓郭進去殺他呢？皇帝為什麼不自己賜死那名軍官呢？

第一，皇帝要透過這件事情看郭進究竟有怎樣的胸懷；第二，他把事情交給郭進處理，也是給郭進機會平定下屬的思想波動。筆者認為，郭進的下屬肯定有許多怨言，否則不會出現告御狀這類事件。在這樣的情況下，如果郭進殺了軍官，會有怎樣的影響？

首先，對於皇帝而言，他一定會認為：郭進這個人，氣量太小，難當大任。這話有道理，作為統領一方的軍事將領，居然連這點小事都容不下，恐怕也擔當不了什麼大事情。有多大擔當就有多大成就，這是亙古不變的道理。雖然郭進不會因此得到懲罰，但個人仕途發展將會受到影響，因為掌握其升遷與否的皇帝會對郭進有難當大任的印象。其次，其他將領看郭進殺了軍官，會作何感想？

我們有怨言也不能說，跟隨這樣的主管還有什麼前途呢？就算其他將領沒有怨言，一個「有仇必報」的上司，如果哪天自己在他面前犯錯了，還會有好果子吃嗎？因此，殺了軍官，其他下屬的軍心就會跟著動搖。在大敵當前之際，軍心動搖可打不了勝仗，若沒有勝利做保障，對於一個將領而言什麼都不重要了。

而郭進不殺那個軍官，不僅使上下情緒都能得到平復和滿足，而且把對方置於「死地後生」的位置，死裡逃生的他一定會感謝郭進，這樣就收服了人心；此外，對方還會拚力去殺敵，這樣就有效地指揮了他。這個決定對郭進而言絕對是有利無弊，因為他沒有損失任何東西。雖然被誣告，只要皇帝不相信，就什麼損失都沒有，而他得到的就很多了。由此可見：容過，未必非容福。

春秋五霸之一的楚莊王一次宴請群臣，命令自己的美人（一種嬪妃等級稱謂）上前斟酒、勸酒。酒宴進行到晚上，大家還沒有散席的意思，於是點上蠟燭繼續喝酒。正喝到興頭上，蠟燭熄滅了都沒人去點。此時美人走近楚莊王俯耳說：「大王快點上蠟燭，有人趁黑調戲我，我已經將他的帽帶扯掉了。」沒想到楚莊王卻說：「怎麼可以為了顯示婦人的節操，而屈辱一名國士呢？」於是下令：「今天喝酒喝得高興，大家都將帽帶拉斷，誰不拉斷誰就是喝得不盡興。」一群臣於是都把自己的帽帶拉斷，然後再點上蠟燭，盡興而歸。

後來楚國圍攻鄭國，有一個將領總是一馬當先，五次交兵五次斬獲敵人首級。後來楚莊王得知他就是當年調戲美人的人。試問，如果當時楚莊王真的命人點上蠟燭，察看究竟是誰對美人動手腳，即便不懲罰他，這個人也會羞愧難當。因羞愧而嫉恨，說不定就會變成楚莊王的敵人，在戰場上有一個敵人在身邊，怎麼想都是一件危險的事情。可見，容過，未必非容福。

容過，首先在於容人。心裡容得下別人，就會多了幾隻耳朵，幾雙眼睛，就會發現很多機會。如漢朝的宰相丙吉。

「哇！」車夫一口吐在了馬車上。酒醉嘔吐，自然是汙穢不堪。吐到了車上，車夫的酒全醒了。這不是一般人的車，而是丞相丙吉的車，一個車夫因醉酒而弄髒了丞相的車，這酒怎麼也該嚇醒了。

丞相府上的管家看到了，就跑到丙吉跟前告狀，想要趕走車夫。丙吉卻說：「不用了。他是我相府的人，因為醉酒而把他開除，以後他還會有容身之處嗎？這件事就算了吧，他不過是弄髒了我的車墊而已。」就這樣，這位車夫沒有因此受罰。

這個車夫是邊塞人，對邊塞軍事緊急傳遞的奏報流程很熟悉。有一日外出，正好看見有人拿著傳遞軍書的紅、白二色的袋子，這代表邊塞的郡縣有緊急事件發生。車夫跟著傳驛人員到了官府，經過打探後得知是胡虜攻入雲中郡和代郡。探明之後，車夫馬上回府向丙吉稟告了這件事，還建議：

「恐怕胡虜所進攻的邊郡有不少年老多病、沒法打仗的官員，大人是否要先了解一下這些官員的相關資料？」丙吉馬上命人查閱了相關資料。

事情剛辦妥，皇帝就下詔召見。來到宮裡，丙吉看到御史大夫也在。皇帝詢問了有關受到胡虜侵襲邊郡的官吏情況。因為事前有準備，丙吉回答得頭頭是道，而御史大夫倉促間無法說得詳細具體，遭到了皇帝責備。

如果你是丙吉，你認為自己這次能受到皇帝的稱讚，最應該感謝誰呢？應該是車夫吧。正是因為他先發現了這件事，並提出察看官員檔案的建議，才會使自己對答如流。想想看，似乎應該是這樣。但筆者反倒認為，丙吉最該感謝的人應該是自己，因為他沒有因車夫醉酒弄髒了自己的車墊而將他驅趕出府。如果當時車夫被趕出府了，就不可能有後來向丙吉建議的機會。這個得到建議的機會，其實是丙吉自己給自己的。容過，未必非容福。丙吉後來被封為博陽侯，不能不說與其寬懷待人有關。

類似的事情，漢朝人袁盎也曾遇過。在電視劇《大漢天子》中，有個造反的諸侯吳王劉濞。當時，袁盎被任命為吳王手下的丞相。一次，袁盎發現自己的一個侍從與侍女私通。袁盎知道後，並沒有深究這件事情，也沒有把事情公開化。在那個年代，私通可不是小罪名，如果公開這件事，侍從絕對小命難保。此時偏有好事之人恐嚇侍從：「袁盎知道了你私通的事情，他早晚會懲治你的。」侍從膽小，只好連夜逃走了。袁盎親自把他給追回來，並且把侍女賜給了他。到漢景帝時，袁盎已經被調回「中央政府」，暫時離開了吳國。後來，他以太常的身分再次出使吳國。此時的吳王因景帝想要削藩的事情圖謀造反，想殺了袁盎來祭旗。吳王派了五百名士兵包圍袁盎，準備天亮後動手。當年的那個小侍從，現在已經是吳王手下的校尉司馬了，他也有參與此次刺殺行動。「侍從」準備了酒，以壯行的名義把士兵全都灌醉了。到了半夜，「侍從」跑到袁盎住處，叫醒他：「您趕快離開吧，天一亮吳王就要殺你了。」袁盎看報信人是自己昔日的下屬，知險情確實存在，趕緊逃走，也因此揀回一條命。

丙吉是丞相，袁盎是朝廷大員，俗話說：「宰相肚裡能撐船。」更何況他們容的不過是小人物（車夫、侍從）的小過錯（弄髒了自己的車墊、與侍女私通），也許這就是所謂的大家風範吧！其實不僅「大家」，就連「小人」秦檜也深知「容過，未必非容福」的道理。

秦檜是宋高宗時的宰相，因殺害岳飛、殘害忠良而遺臭萬年。但不得不令人佩服的一點是，這個奸賊專權十九年而屹立不倒，其為人處事自然有其獨到之處。

一次，有個讀書人偽造秦檜的信，拿著它去見揚州太守，想打著秦檜的大旗為自己謀點好處。可這封假信被太守識破了，就把這個人抓起來並送交到秦檜那裡。按理說，有人假冒自己的字跡，作為秦檜這樣一個奸臣，肯定會火冒三丈。他秦檜大權在握，要收拾這個小小讀書人實在太容易了。可秦檜並沒有懲罰他，相反，還給了他一個官職做。

有人就不理解了，秦檜解釋：「他有膽量偽造我的信，一定不是普通人。而偽造書信，又不是什麼大罪，不可能把他殺了。如果他服刑後，因得罪我而無法立足，也許就會投靠敵人了。現在用一個小官職就可以把他套住，也能為自己減少一個敵人。」秦檜的舉動告訴了我們一個道理：容過，則不易於樹敵，沒有敵人，自然會平安，平安就是福。因此：容過，未必非容福。

深入解析

社會上形形色色的人都有。這些人裡一定有自己喜歡的，也有自己不喜歡的，也一定有得罪過自己的人。如何面對曾經得罪過自己的人，實際上是我們人際關係中一個很重要的關鍵。

郭進容下了到皇帝那裡告黑狀的下屬，換來了一個忠心不二且賣力搏殺疆場的軍官；楚莊王容下了調戲自己美人的下屬，換來了一位得力大將，成就了自己的霸業；就是「小人」秦檜也容下了偽造自己推薦信的書生，從而為自己的陣營拉攏一分子。實際上，這些被容下的人，都有可能成為當事人的敵人，如果郭進殺了下屬，如果楚莊王殺了醉酒將軍，如果秦檜殺了書生，他們都將增加不止一個敵人，而他們容下了，不僅避免了把對方推向敵人行列，同時也得到了其他人的擁戴，他們的故事告訴我們一個道理：**贏得朋友最好的方式是學會包容！**

丙吉容下了醉酒的車夫，換來了自己在皇帝臨時問事時的從容應對；袁盎容下了與仕女私通的侍從，從而使自己免於被暗殺。容忍別人小小的過失，對別人可就不只「滴水之恩」那麼輕巧了，因為在大人物這裡的小過，對於小人物而言是攸關生死的事情。容過，就是給別人一條活路。總能給予別人生的機會的人，不會輕易遭受「死」的危險，即便置於其中，也會有人願意幫助他「死裡逃生」，因為從前他也這樣幫過別人。「生」不就是最大的「福」嗎？莫笑少年貧，小人物也有大作為，我相信每個人都有其獨特的價值。對小人物多些寬容，對小人物多些幫助，也許你會得到意想不到的結果。丙吉和袁盎的故事告訴我們一個道理：**你的貴人也許就是某個不起眼的小人物！**

傷你，未必是害你

春秋時，魯國有個叫陽虎的人意圖叛亂，結果失敗了。魯王下令封閉城門，一定要把陽虎抓到。陽虎來到城門，正想探探風頭，沒想到就被一個守門的衙役給發現了。陽虎心想，這下糟了。

沒想到衙役卻把他拉到一邊，然後對他說：「雖然您和我非親非故，但我敬佩您是條漢子。現在全國的人都在抓您，沒有人肯救您，我願意放您一條生路。」陽虎很高興，這個時候還有人願意幫助自己，於是提著手中的劍、戈跟在衙役的後面走。在衙役的護送下，陽虎成功地出了城，心裡的石頭落了地，衙役剛要轉身回城裡，不料陽虎突然出手。他用戈回手一刺，就把守城的衙役給刺傷了，而後揚長離去。

如果你是守門的衙役，想必一定會埋怨他恩將仇報，一定會責罵他忘恩負義。確實，陽虎做得太不應該了。人家衙役與他素昧平生，因敬重他而放他一條生路。且人家也沒有設計害他，已經平安地把陽虎送出城外。枉他陽虎還自稱是俠士，居然有此下三濫的舉動，過河拆橋、卸磨殺驢。不錯，大多數人遇到這樣的情況，都會有此想法，那個守門的衙役也不例外。

守門的衙役帶傷回到崗位上，心裡忿忿不平。魯王聽說陽虎逃跑了，大怒，派人查問究竟是從哪座城門逃跑的。很快，就查出了是從受傷衙役的城門脫逃的。魯王命人將所有守門的衙役全部抓起來，並親自審問。

審問時，只有受傷的衙役說：「我與陽虎搏鬥，因力弱而不敵，被陽虎刺傷了，所以才被他逃脫。」而其他衙役連發生了什麼都不知道。最後魯王下令，沒有受傷的衙役因守衛不力須受懲處，而受傷的衙役因「工作盡責」得到了獎賞。

此時，你明白陽虎的良苦用心了嗎？試問，如果陽虎不將放自己出城的衙役刺傷的話，衙役會有怎樣的結果？恐怕會和其他的衙役一樣，因守衛不力受到懲罰。這還算是輕的，細想，如果有其他守城的衙役攀咬受傷的衙役：「當時只有他出過城，還有個提著劍、戈的人跟他走在一起，現在看過畫像之後，那個提著劍、戈的人就是陽虎，是他放走了陽虎！」受傷的衙役該如何解釋？此時，就有一個問題要去想了：陽虎出城時，為什麼要提著劍、戈呢？

首先，他肯定有自衛的原因。因為他並不知道這個衙役是不是給自己下了一個圈套，畢竟他和衙役素昧平生，防人之心不可無。但他一定是從跟衙役出城時就已經決定：出城後要將衙役刺傷，好讓衙役回來後說他因與陽虎搏鬥不敵才受傷。而守護城門的不只這一個衙役，如果被其他衙役看到了，日後追查起這件事情，這個衙役該怎麼解釋他為何與陽虎一起出城？故陽虎提著劍、戈其實還有一層深意：衙役可以解釋自己當時是被陽虎脅迫出城的。這樣不但整件事情都能交代清楚，衙役也不會有後患。由此不得不佩服陽虎思量周全，同時也教會我們一個道理：傷你，未必是害你。

有個叫許武的人，曾被推舉為孝廉，官運亨通。沒想到許武在官越做越大以後，卻鬧著要和兩個弟弟分家。更令人氣憤的是，許武將家裡的肥田、大宅、壯僕都分在自己名下，而將那些薄田爛屋、體弱多病的奴僕分給兩個弟弟。雖然哥哥許武如此做，但兩個弟弟沒有說一個不字，默默地接受了這一切。兩個弟弟的寬宏大量以及敬兄如父的做法，深得鄉里父老的稱讚。不久，兩個弟弟聲名遠播，很快也被推舉為孝廉，從此走上了仕途。

已經當官的哥哥，居然要搶占兩個沒有功名的弟弟的財產，這樣的哥哥實在太傷弟弟的心了。但請記住：傷你，未必是害你。兩個弟弟當了官後，許武馬上召集鄉族宗親說：「以前我許武做了官，兩個弟弟卻沒有功名，這讓我這個做哥哥的心裡很不好受。為了讓各位更了解我這兩個弟弟，我有意分得更多的財產，實際上是為了提升他們的名聲。現在弟弟都做了官，我的目標實現了，所以我要重新分配財產，將財產平均分配給他們。」

原來，許武分得大份家產，是為了讓兩個弟弟能有被更關注和了解的機會。許武是在用自己的「貪」來反襯弟弟的「克讓」，如此苦心，可見許武愛弟心切。雖然他沒有將為弟弟好掛在嘴邊說，卻已經盡自己所能地幫助他們。可這樣一片苦心，卻曾被人所鄙棄，其實也怪不得這些鄉人，就是三國時的孔融都曾誤會過別人呢。

三國時，有個叫楊彪的人與袁術結成了兒女親家，這讓曹操很不滿。於是，曹操故意栽贓楊彪，把他抓起來並命滿寵來審理。當年讓梨的孔融，現在已經是朝廷重臣了，於是找到了滿寵：「先生審問歸審問，可千萬別做曹操的打手用刑逼供啊。」滿寵不僅沒理會孔融的這番話，相反地，他還用盡所能，把各種酷刑都用了一遍。孔融非常生氣，準備找個機會收拾滿寵。可還沒等孔融找滿寵，滿寵就先去找曹操了。

滿寵向曹操報告：「我已經用盡了各種酷刑，可楊彪還是不肯招認，似乎不適合再繼續審問。楊彪是朝廷重臣，且聲望很高，如果繼續用刑會被人詬病是『屈打成招』，這對您的聲譽也不好。如果弄不好死在行刑之時，您還要落個濫用酷刑逼死朝廷重臣的惡名。可如果就這麼不明不白地關著他，必大失民心，還不如就放了他算了。」曹操想想也是，雖然自己本打算處死楊彪，但滿寵說得也有道理，於是下令放了楊彪。

知道滿寵為什麼要酷刑伺候楊彪嗎？他不是如孔融所想的是曹操的「打手」，如果他只是「打手」，只管把楊彪打死就是了，何必找曹操讓他放了楊彪呢？

雖然滿寵傷了楊彪，但卻不是害他而是救他。楊彪得罪曹操完全是因為私事，因為他與袁術結親家，已經站到敵人隊伍裡了。曹操當時雖然沒有稱帝，但心裡一定不太舒服，所以他才看楊彪不順眼，想找機會收拾他。試問這樣的原因是講道理就能擺平的嗎？孔融知道說情也是白說，所以才不找曹操而找滿寵，希望他手下留情。可滿寵呢？雖然也有心救楊彪，但卻不流於表面，相反，他順著曹操的意思狠狠地刑問。其實是在給曹操出這口氣，只有先等曹操的氣消了，才能想辦法幫助楊彪開脫。

試問，如果滿寵如孔融所言不刑問楊彪，那曹操會不會更生氣？生氣會怎麼樣？另派人去刑問，而且會指示更殘酷的刑問。到那時事情就不是滿寵所能控制的了。相反，此時滿寵雖然刑問楊彪，但他還能掌控力度，至少不會讓楊彪傷重不治。刑問過後，曹操的氣也出了，也會更加認為滿寵是自己人，因此更加信任他。因為滿寵先得到了曹操的信任，他說話曹操才願意聽，試問如果是孔融去找曹操說情，曹操會理會他嗎？肯定不會，如果會的話，孔融也不必在那生滿寵的氣了。但滿寵不一樣，曹操認為他是自己人，且滿寵不是說情，而是在為曹操的利益著想。看看滿寵說的話吧，哪一句不是說這樣做對曹操有什麼不好？同樣的話，滿寵說就是為主上分憂，而他孔融說就是批評了！而這人的不同，就源於滿寵先前順著曹操的意思刑問楊彪。還是應了那句話：傷你，未必是害你！

同樣的事情，在戰國時候以遊說六國放棄合縱政策連橫事秦而聞名的張儀也遭遇過。當時傷他的是他的同學蘇秦，兩人都是拜《捭闔策》的作者鬼谷先生為師。那時，蘇秦在趙國已經以合縱之論顯於諸侯，而張儀當時還很落魄。

後來張儀聽從別人的勸告投靠蘇秦。蘇秦卻不肯見這位老同學，他命令門客不許為張儀引見。後來實在躲不過，就接見了張儀。結果見面後，令他坐在堂下，賜他與僕妾同樣的食物，甚至還說：「你實在不值得我收留！」這下，蘇秦傷得張儀很深。

張儀當然很氣憤，他盤算了一下如何報復蘇秦。他認為現在只有秦國能攻打趙國，如果趙國亡，蘇秦也就沒有什麼可顯擺的了。想到這，張儀投奔秦國去了。可他落魄得連路費都沒有，好在半路上遇到了一個好心人，聽了他的傾訴後，深感同情，不僅資助他全部的食宿、路費，到了秦國後還幫忙引見了秦惠文王。秦惠文王奉張儀為客卿，與他商議如何攻打諸侯。就在張儀準備報答好心人的時候，人家卻來向張儀告辭了。

好心人臨走時，才向張儀道出實情：「並不是我好心，而是蘇秦讓我這麼做的。他那麼對你，是希望能激起您奮發向上的心志，然後又派我暗中資助您。他認為只有您能掌握秦國政權，希望您當政後不要使秦國攻打趙國，而破壞合縱的盟約。」此時，張儀才明白蘇秦的苦心，他對自己所做的一切羞辱，不過是希望自己能發憤圖強！因此，直到蘇秦去世，張儀都沒有令秦國攻打趙國。如守城衙役、許武兩位弟弟、楊彪一樣，張儀也深深明白一個道理：傷你，未必是害你！

深入解析

在生活中，我們經常會碰到讓自己覺得很受傷的事情，於是我們經常問自己：為什麼受傷的總是我？其實，並不是世界在與你為敵，並非所有的傷害都是因為恨，有時候也是因為愛。

陽虎刺傷了送自己出城的士兵，不是為了殺人滅口，而是希望士兵不會被人懷疑曾經私放犯人出城，他是為了保護這名士兵；許武與兩個弟弟爭奪家產，不是為了貪圖錢財，而是為了讓更多人了解兩個弟弟的優秀品德以被推薦做官，這是愛，是兄弟之愛。在生活、工作中，我們總是會感覺自己受到某些人的「特殊照顧」：總是被人追在後面逼問工作進展如何了；總是被要求把事情做得更完美，即便事情看起來已經做得差不多了；總是被交代本不屬於自己份內的工作……其實，這都是一種愛，即便看起來這些事情很「可恨」！陽虎和許武的故事告訴我們一個道理：**傷害有時是一種表達愛的方式**！

楊彪曾經被滿寵打得遍體鱗傷，甚至有傷重不治而喪命的危險，但滿寵用這些傷害，為楊彪換來了活命的機會；張儀曾經被老同學蘇秦傷害得很深，有一種被人忽視、蔑視的感覺，為了不再有這樣的感覺，張儀才有了一顆戰鬥的心，蘇秦雖然沒有為張儀提供可口的飯菜，卻為他提供了成為一代謀臣的機會。我們往往會覺得自己受到了不公平的待遇，總覺得自己是被傷害的人。其實，只要彼此之間沒有過不去的坎，沒有人會浪費精力沒事找你麻煩。如果不是你自己太敏感多心了，就是有人想透過這樣的方式幫助你。楊彪和張儀的故事告訴我們：**要感謝曾經傷害自己的人**！

捨小，未必不得大

唐朝時有個叫劉晏的人，為促興水道運輸，請旨在揚州設置了造船廠。當時他提議船廠每造一艘船，就由國家財政裡補貼一部分錢。在商量補貼金額的時候，出現了不同意見。劉晏認為，每艘船應該補貼一千緡錢（一千枚錢用絲繩貫成一串稱為一緡）。但有的官員不同意，他們認為根據成本核算，只要五百緡錢就足夠了，給一千實在太便宜船廠了。但劉晏不同意，堅持按照一千緡錢標準進行補貼。明明連五百緡錢都用不了，為何劉晏偏偏要給一千緡錢？

難道這裡面有什麼「黑幕」？劉晏貪墨手黑了？但這個事情是由劉晏主管的，別人沒辦法改變他的觀點，就只好按這個標準執行了。就這樣，這條規矩定了下來。雖然多花了錢，但好在船的品質不錯，用了二三十年都沒有問題。大約過了五十年以後，劉晏去世了。接替的官員覺得財政補貼的標準太高了，所以想要刪減一些。於是，繼任者先核算造船的成本，然後按照核算的標準給予補貼，數目已經遠遠低於一千緡錢了。但麻煩也隨之而來。因為成本核算得太低，船廠基本沒有什麼「油水」，於是廠主便在工人的工錢和原料上打注意。

由於出現克扣、盤剝，開始使用次等原料，工人也應付了事，造出來的船輕薄易損，水道運輸因而每況愈下。

此時知道劉晏為什麼要多給補貼了嗎？他對人趨利的本性看得很透徹，他知道：如果廠主沒有利益可圖的話，他們可能就不會做了，沒有人造船，又如何促興水道運輸？正所謂「水至清則無魚」，因此，不能太斤斤計較，他就是讓大家都有錢賺。有錢賺，建船廠的人就會更多，船廠多，造出來的船也多，船多，則水道運輸就會興旺起來。這是他為何許以重金鼓勵船廠造船的原因，雖然他捨棄了一些小利，但他卻實現了興水道運輸的大目標。其次，多給一些補貼，保證廠主有錢可賺，他才就不會把目光盯在偷工減料和克扣工餉上了，也只有這樣，才能保證船用好原料、用好工，這樣造出的船才會牢固。這一點從他在位時和他去世後，兩個不同時期由於補貼標準不同而造成船品質不同的結果得到證明。

但即便以利誘之，有必要許那麼大的利益嗎？那可是成本價格的兩倍啊！這就看得出劉晏的深謀遠慮了。他知道此時許以高利，並不是長久之計，賠本的買賣做不久，即便是國家也不例外。這樣永遠的高標準補貼下去，國家財政上會承受不了。透過現在許高利，讓更多人來造船，則水道運輸就會興旺起來。水道興，則船的需求量就會加大，那時就可以削減補貼標準，因為船廠能夠透過數量的擴大而實現「薄利多銷」式的營利。劉晏之所以現在把補貼標準定在一千緡錢，實際上也是在給後來者預留削減餘地。試想，如果開始時，劉晏把補貼定在超出五百緡錢成本的一點兒——例如，六百緡錢。那麼，繼任者一削減就到成本底線了。只給成本價，廠主沒有錢賺，不是轉行不造船了，就是盯著原料和人工，這將不利於造船事業的發展。所以他現在將起始點定得高一些，繼任者可選擇的餘地就會大得多。可惜，繼任者沒能明白劉晏的一番苦心，劉晏最擔心的事情還是發生了。透過劉晏和繼任者不同的貼補標準和所造成的影響來看，可以得出一個道理：捨小，未必不得大。

與劉晏一樣，春秋時的孫叔敖也是不在乎眼前的小利益得失，著眼將來的大利益。孫叔敖病重時，他把兒子叫到身邊，對兒子說：「大王幾次要封我邑地，我都沒有接受，如果我死了，大王肯定會分封你的。到時你一定要記住，不能接受那些土地肥美的地方。楚越之間有一個地方叫寢丘，地方偏僻貧瘠，地名又不好，楚人視之為鬼域，越人以為不祥，如果你要了這個地方，一定可以在那裡太平長久。」孫叔敖死後，楚王果然要封給他兒子很好的地方，好在他的兒子相當聽話，只請求分封寢丘，結果一直到漢代，孫姓子孫依然在寢丘立足。

此時，你知道孫叔敖為什麼要讓兒子去寢丘而不去那些好地方了嗎？土地肥美的地方他兒子想要，孫叔敖當然也想要，但天下人誰都想要。正因為土地肥美，所以最容易成為利害根源，大家都對好地方虎視眈眈、垂涎三尺，說不定哪天就撲上來咬一口。每天不是提心吊膽就是打打殺殺，這顯然不是孫叔敖想要子孫過的生活。因此，他捨棄了「錢財」的小利，而得到了「太平長久」的大利，這不應了那句「捨小，未必不得大」的道理嗎？

佛經《了凡四訓》：捨得者，實無所捨，亦無所得，是謂捨得。《金剛經》云：應無所著而生其心。其意與中國傳統的老莊道學思想相互融會，成為「禪」的一種哲理，影射出超然的人生智慧。「捨得」是一種大智慧，是東方禪意中的超然狀態與處世之道。

其實，與錢財相比，更安全可靠的船、興旺的水道運輸、太平長久的生活都是大利，但這世界上還有比這些更大的利益。很多人懂得「捨小，未必不得大」的道理，因此，他們都得到了這最大的利益。

秦朝時，一天有個宰豬的屠夫雙手叉腰，對一個佩著劍的青年說：「你雖然長得又高又大，喜歡帶刀佩劍，其實你骨子裡卻膽小得很！」佩著劍的青年說：「我膽小？我可要闖蕩天下呢！」「如果你不怕死，就用劍刺死我，要是怕死不敢呢，就從我的褲襠裡鑽過去。」看到這，想必大家已經知道，那個佩著劍的青年就是後來幫助劉邦取得天下的韓信，故事的結局大家也都知道，韓信受了這「胯下之辱」，沒有因殺人而失去了後續發展，這不正是「捨小，未必不得大」的最好證明嗎？

但此時說韓信，還不只為講上面的故事。話說韓信功成名就之後，有一天他又碰到那個屠夫。屠夫看到韓信，馬上就愣住了，他知道韓信早已不是當年的韓信了，人家現在是大將軍、淮陰侯，想到自己當年曾讓韓信從自己胯下爬過去，背後的冷汗直冒。韓信盯著他看了良久，緩緩道：「你很勇敢，我封你當巡城捕盜的武官吧。」事後韓信對別人說：「我就是要讓天下人看看，我對如此侮辱過我的人都這樣寬容不予追究，那些過去和我有矛盾的人就會放下心來，從而減少與我的摩擦。」

其實放了一個小小的屠夫，對韓信沒有任何的損失，因為當年的屈辱，如果他自己不把它當回事，天下就沒有人敢笑他。因為他是淮陰侯，而且還被劉邦拜為大將軍，封為楚王，這些已經足以掩蓋先前所有的黯淡。而韓信所謂的「從而減少與我的摩擦」，卻有著很現實的意義。

當時韓信已經不再為劉邦所信任，已經有了種種「造反」之類的傳聞。他自己的日子不好過，如果以前那些和他有過節的人趁機落井下石，聯合起來到劉邦那裡撥弄是非，他就不僅僅是日子不好過，恐怕腦袋也會不保。所以他才利用饒恕屠夫的行為，安撫那些可能成為自己敵人的人的心，這樣才能夠保住自己的命。雖然最後韓信還是被設計處死了，但至少來得沒有那麼快！可見，捨小的他，還是得到了大的。

懂得這個道理的，還有越王勾踐。越國被吳所滅後，勾踐對吳王夫差自稱賤臣，對吳王執禮極恭，「服犢鼻、著樵頭；夫人衣無緣之裳、施左關之襦」。有如夫差手下的僕役。最「瘋狂」的是夫差生病，勾踐前去問候，還親自取嘗夫差剛拉的大便，體貼夫差的病情，所謂「問疾嘗糞」。捨棄這些所謂的尊嚴，他獲得了生存的機會，因為只有生存，他才有復國的可能！

深入解析

勾心鬥角的官場，你死我活的戰場，爾虞我詐的商場，當然還有爭名奪利的職場。只要還活著，就得面臨選擇，面臨捨棄與獲得的選擇。賈平凹先生有一本《說捨得》，認為：世界是陰與陽的構成，人在世上活著也就是一捨一得的過程。如先生言：會活的人，或者是成功的人，其實是懂得「捨得」這兩個字。不捨不得，小捨小得，大捨大得。捨得是一種知，更是一種智。

職場就是諸多「場」的綜合體。職場是個利益場，薪資是利益，成績是利益，功勞是利益，職位同樣是利益。在這樣一個利益場中，不懂得捨得之道的人很難功成名就，甚至可能連立足之地都沒有。有些人在與同事相處的過程中，「利」字當頭，什麼虧都不能吃，什麼便宜都想占，工作挑輕鬆的做，待遇往高處要，面對這樣的人，你願不願意與他一起共事？恐怕大多數人都不願意吧。但關鍵的問題是：自己是不是那個人。捨得，有捨才有得。捨了小利之悲，得了全勝之喜。這幾個故事告訴我們一個道理：**捨得之道，成功之道**。

劉晏為興水路運輸，捨棄金錢而用高額補貼船廠，造出來的船堅固耐用；孫叔敖讓兒子捨棄水土肥沃的土地，而選擇沒有人要的荒蕪之地，得到了子孫幾代的安穩生活；韓信捨棄了功成名就後對侮辱過自己的人的報復，得到了競爭對手對其的緩一步排擠；勾踐捨棄了現在的尊嚴，得到了將來成功復國的機會。觀察他們所捨棄的，都是眼前小額的、容易獲取的、既得的利益，但他們卻可以得到將來更大的利益。上述故事告訴我們一個道理：**所謂捨得，就是現在與未來之間的選擇**。

順從，未必是怕你

宋朝有個丁謂，此人可不簡單。在當時有首歌謠：「欲得天下寧，拔得眼前丁；欲得天下好，無如召寇老。」這一「丁」說的正是當朝權相丁謂，而「寇老」則是大名鼎鼎的寇老西寇準。寇準是多麼聰明的人，沒想到被這個丁謂給陷害了，最後落得一個被貶「雷州參戶參軍」的結果。可就是這麼一個狡詐的人，卻讓更聰明的人給扳倒了。

丁謂當權時，雖然胡作非為，但他天不怕地不怕，就怕有人見皇上。為什麼？他自己也知道壞事做得太多，怕有人到皇帝面前告自己的狀，因此，他想盡辦法不許朝廷大臣在退朝後單獨留下向皇帝奏事。在任何一個朝代裡，有奸臣也有忠臣，與丁謂同朝為官的人中就有些人容不下丁謂的無法無天，因此經常和他唱反調。可唯獨王曾對丁謂百事皆從，無論丁謂說什麼他都照辦。因此，其他大臣都看不起王曾，說他是丁謂的走狗。王曾也不理會，依然唯丁謂馬首是瞻。

王曾對壞事做盡的丁謂曲意順從，根據敵人的朋友就是敵人的邏輯，王曾是不是應該算是壞人？但事實上，他不但不是壞人，而且還是個大好人。王曾去世後，卒謚文正。「文正」是一個謚號，在封建社會，一般的社會名流死後，依其生前事蹟會被給予一個稱號。歷史上得到這個謚號的人都是「好人」，如范仲淹、司馬光、蘇軾，方孝孺、劉統勳等的謚號都是文正。既然王曾是好人，他又為何對壞人丁謂百般順從呢？

有一天，王曾找上丁謂：「我沒有兒子，想過繼弟弟的兒子為後嗣，我想面奏此事請皇帝恩准。但這個事情在朝堂上稟奏不太合適，要是我單獨留下稟奏，又擔心大人您多心，所以不知道該怎麼辦才好。」丁謂想起王曾對自己百般順從，認為他也是自己人，於是說：「如果是你單獨留下稟奏的話沒關係。」於是，丁謂給王曾破了這個例，讓他在退朝後單獨向皇帝稟奏。

王曾哪裡是要過繼什麼兒子，他是想找機會單獨向皇帝彈劾丁謂，這下機會終於來了。於是，王曾便趁這個機會把丁謂瞞著皇帝的所作所為都給捅出來。宋仁宗因此得以看清丁謂的真面目，馬上派人去調查。查實後，宋仁宗把丁謂以欺君罔上的罪名貶到崖州去了。

現在你知道王曾為什麼要對丁謂百般順從了嗎？因為他要得到單獨稟奏的

機會。要得到這個機會，就必須先得到丁謂的信任，因為這個機會只有丁謂能給他。如果皇帝是誰都能夠見到的，那丁謂就不是把持朝政的權相了。要得到丁謂的信任，就必須要讓他覺得自己和他站在同一戰線，不能和丁謂起衝突，要事事順從他的意思。王曾的聰明之處在於：我什麼事情都可以順從你，只要我能單獨見到皇帝。而丁謂的失敗，在於他沒有明白一個道理：順從，未必是怕你。他以為自己做權相做久了，天底下他最大，別人順從他是理所當然。因此，他把別人順從自己的原因簡單歸結為別人怕自己，對於怕他的人，他當然不會放在眼裡，沒想到正好給了別人彈劾他的機會。

如果說王曾巴結丁謂不是怕他，那麼明朝的周忱，就真的是怕當權大宦官王振了。

明朝的一大特點就是宦官當道，這王振就是明朝歷史上著名的一個宦官。王振在明宣宗時做了宦官，後來宣宗冊立太子，他又被任命為東宮局郎，做起了太子的啟蒙老師。他用盡所能討得了太子的歡心。等到年僅九歲的太子登基成為英宗，王振也成為司禮監大太監。別小看這個職位，他執掌宮中宦官及各監員官升遷謫降，兼管特務機構，還替皇帝管理奏章和文件，並傳達諭旨。加上當時皇帝年幼，而臨朝理政、養護幼主的太皇太后張氏在英宗十六歲時就去世了，王振利用英宗年幼無主見來把持朝政。當時的英宗事事都依從他，後來甚至聽從王振的慫恿親征蒙古，結果連命都搭上了，足見王振的影響力。

一次，王振給自己修建了一座新府宅。時任江南巡撫的周忱便派人暗中測量廳堂的大小寬窄，而後派人到當時以出產好地毯聞名的松江按尺寸訂做了地毯，送給王振作為賀禮。新地毯一鋪上，王振看尺寸大小絲毫不差，心裡很高興：雖然他周忱貴為江南巡撫，不也一樣要怕我，一樣要巴結順從我嘛。在其他事情上，周忱也是順從王振。王振想出一個讓百姓「捐米買官」的攬財之道，周忱率先捐米，因此還受到了王振代表朝廷頒發的錦旗表揚。按理說，這樣的人應該受到百姓，尤其是江南百姓的唾罵吧？但事實正好相反，當時的江南百姓對周忱稱讚連連。

原來，周忱透過對王振事事順從，從而得到了他的信任。因此，凡是周忱所呈報的公文，王振都不會太過阻攔，在王振的心裡，周忱是自己人。也正因此，周忱為江南百姓謀得了不少福祉。周忱委屈自己，對王振百事順從，其實為的只有一個目標：我提的建議你不阻攔。可見周忱的順從背後也有其深層涵義。

還有一個故事，發生在宋朝。當時有個叫陳瓘的人，被任命為考選學士的主選官。蔡卞心裡想：「這次陳瓘做主選官，如果他全部選史學派的，而罷黜精通經學的學士，以此來抵制王丞相所提倡的改革，我就和他沒完。」這個蔡卞是蔡京的弟弟，而當時蔡京還沒有成氣候，還不是後來的權臣奸相，當時蔡京正和王安石鬧改革呢。以王安石為首的改革派，最大的敵人就是提倡「遵循舊制」的史學派。其實蔡京此舉也只是表面順從王安石，他關心的可不是國計民生，不過是當時王安石得勢，那時一名不聞的他想藉由依附王安石為自己謀些利益罷了。蔡卞和哥哥一樣，也是「支持」王安石的改革派。他希望陳瓘全部選取史學學士，這樣就就借機打擊陳瓘，並一舉禁絕史學，如此，自己在改革派裡就立大功了。

陳瓘呢？他還是「順從」了改革派，錄取的前五名全部是研究經學及推崇王安石學說的學士。但記住這句話：順從，未必是怕他。陳瓘在錄取的五名之後，全部是研究史學的書生。事後陳瓘說：「當時如果我不願意忍讓、不願意表面順從，我就會與改革派發生正面衝突，那史學可能因此遭到更殘酷的打壓。所以為了挽救危機，有時不能逞一時之快。」

關於那場變革究竟該不該進行，雖不在本文討論的內容，但「熙寧變法」的過程中，有多少人因不懂得「不能逞一時之快」的道理，而陷入個人的失敗呢？

御史呂誨上書彈劾王安石，宋神宗貶呂誨去鄧州；青苗法剛一頒布，宰相富弼即稱病辭職；翰林學士司馬光公開反對青苗法，與呂惠卿在宋神宗面前辯論，後被罷斥。從他們個人角度來說，他們是失敗的，因為他們澈底失去改變局面的機會和位置，因為他們已經被趕出局了。雖然他們在後世的評價中是忠貞之士，他們一心為國。但在當時，他們做出了多少有現實意義的事情？又取得了多少有實際效果的成績？很遺憾，他們沒有。反觀陳瓘，雖然他「順從」了改革派，但至少他沒有因「鬥爭到底」而被趕出局，何況他最後也實現了自己選拔史學學士的目標，挽救了史學派，保留了繼續與改革派戰鬥的機會。

與陳瓘一樣委曲求全的還有明朝正德年間的李東陽。明孝宗逝世前，遺命劉健、謝遷與李東陽三人輔佐幼主（即明武宗）。前面說了明朝的一個特別現象：宦官專政。當時專政的是大太監劉瑾。劉瑾專權兇暴，這三位大臣自然想要除掉他。結果幾次彈劾、聯名上疏都沒有扳倒劉瑾，劉健、謝遷二人一氣之下辭官回家了。但李東陽沒有這麼做，他留了下來，而且在與劉瑾發生衝突時，每每以忍讓為先，從不與劉瑾發生正面衝突。李東陽當時因此遭受許多人唾棄。但李東陽不辭官並順從劉瑾的行為，並不表示他害怕劉瑾。

李東陽晚年想起當年的委曲求全，經常痛哭不止，可見其當時內心有多無助。但他要留下，留在這個局中，要讓自己還能做一些對國家、百姓有益的事情！後來，在李東陽等人的努力下，武宗終於下旨逮捕劉瑾，沒收其家產。令人欣慰的是，李東陽死後也卒諡文正，這或許是對他曾經的曲意順從最好的讚揚吧！

深入解析

「委曲求全」、「忍一時風平浪靜，退一步海闊天空」這些話耳熟能詳，但很多人只是聽說過，等事情真落到自己頭上，一樣「火冒三丈」，與敵人鬥爭到底，結果呢？他忘記了自己原本要追求的是什麼，要爭取的是什麼，要實現的是什麼，只剩下鬥氣了。

人往往有一個惡習，事業剛剛有點起色，就在心裡或臉上做標記，還美其名曰：「君子不重則不威。」於是權勢之心必起，喜歡別人對自己順從膜拜，喜歡別人對自己阿諛奉承，渾然不覺自己正一步步走向深淵。丁謂以為王曾順從自己，而讓王曾有了向皇帝告發自己的機會；周忱向王振獻禮，使自己的決議不受阻攔。從結果來看，丁謂和王振是失敗的。他們的失敗告訴我們一個道理：**蠻橫的權勢不過是自以為是**！

遇到矛盾時，很多人之所以壓不下怒火，就在於錯誤地認為：「我為何順從他？難不成我怕他？」其實這是典型的青春期症候群——違逆我心意的人我都不服。結果把所有的精力都投注在「證明自己是正確的」和「證明自己是勇敢的」的「偉大」鬥爭中去了。看過上面幾則故事，我們知道：順從，未必是怕他，只不過是為了實現更遠大的目標。對的，在生活中，我們要有結果導向，要以實現結果為目標，哪怕只是表面順從。王曾、周忱、陳瓘、李東陽不都是這樣做的嗎？他們都能做到，我們豈有做不到的道理？《易經》上說：

「有些時候君子要能容忍小人，甚至必要時可以對其曲意順從，就可以保得平安、迎來光明。」看來此話非虛。這四則故事告訴我們一個道理：**忍讓可以讓自己保有繼續爭取的機會！**

位卑，未必權不重

清朝時的太監李蓮英因梳得一手好頭，為慈禧太后所寵愛。和他同朝的有一李姓本家——掌管總理衙門的李鴻章。李鴻章是成立淮軍，平定了太平軍和撚軍的大功臣。可這位大人物卻被李蓮英這個小太監給收拾了。

有一天，李蓮英對李鴻章說：「老佛爺最近有意靜養，想把清漪園（今頤和園）修繕一番，以便頤養天年。可惜內務府拿不出這筆銀子，老佛爺很傷心。李伯爺是朝廷重臣，若能體仰上意，籌款促成此事，必定能寬慰太后和聖上之心，這可是不世之功啊。」有這樣的機會能巴結太后和皇上，李鴻章怎肯放過？馬上就將這事情攬過來了，準備以辦新式海軍之名，責成各疆吏歲撥定款，從中提取部分作為造園經費。李蓮英聞之大喜：「興辦新式海軍、振興國防是誰也不會反對的堂而皇之的理由，誰敢不出錢？出師有名，籌款有式，那造園的經費還用愁嗎？李伯爺真是有辦法。」在奉承一番之後，他又說：「既然銀子有著落了，就請李伯爺辛苦一趟，到園內察看一下，哪裡該拆該建。這樣您心中有數，老佛爺要是查問起來，也好回話。」李鴻章想想有道理，十分感謝李蓮英幫了他一個大忙，給了他一個這麼好的機會伺候老佛爺。

後來李鴻章在一個小太監的引領下，把清漪園上上下下、裡裡外外、左左右右走了個遍，並記錄下哪裡該修一座假山，哪裡該建一座湖亭……這一路下來，整整逛了一天。李鴻章心裡很高興，就等著太后的召見，自己就可以開始新的功績了。沒想到滿心歡喜的李鴻章沒有等來太后的召見，卻等來了光緒皇帝下詔「申飭」並「交部議處」的處罰。所謂「申飭」，就是由皇帝、太后或皇后派一名親信太監，捧著「聖旨」去指著某人的鼻子，當眾數落臭罵一頓。而被罵之人不僅不得申辯回罵，還要伏在地上謝恩，因為那罵人的太監代表皇帝、太后或皇后。李鴻章這才知道自己中了李蓮英的圈套。

原來，李鴻章大功初得，春風得意，心高氣傲，沒有把李蓮英這麼一個「伺候人的角色」放在眼裡，言語之間的不敬得罪了李蓮英。李蓮英也非善類，他當然要給李鴻章一點顏色瞧瞧。所以他才假傳慈禧太后要修園子。等李鴻章上鉤去勘察園子之後，李蓮英再有意無意地對光緒皇帝說：「聽說李中堂那天帶了個小太監，在清漪園裡足足逛了一天，玩得好不痛快！」光緒皇帝四歲進宮稱帝，但從小就生活在慈禧太后的淫威之下，始終當著一個傀儡皇帝。「受太后的氣也就算了，現在你李鴻章也敢欺負我，居然到我的御苑禁地大搖大擺地遊玩，你也太不把我當回事了。」所以才有了申飭李鴻章的事。

一個給太后梳頭的太監，地位再卑微不過，可就是這樣一個卑微之人，居然整倒了堂堂伯爺，堂堂一品大官。李蓮英靠的是什麼？因為他能接近慈禧太后，及時了解官場動態。他的職位雖然卑微，但卻很接近權力核心。如果得罪了他們，說不定什麼時候，這些小人物就會使出殺手鐧，而那些位高權重的大人物絲毫沒有抵抗的餘地。恐怕吃此一虧之後，李鴻章就會明白：位卑，未必權不重。

李鴻章初登權位，尚不明白官場的險惡，這還能說得過去。但所謂「無奸不商」的商人在這種事情上也未必就完全看得透澈。

乾隆皇帝八十大壽。普通人家裡八十大壽都是件大事，更何況是皇帝的大壽。各方官員當然極力收集奇珍異寶，準備給乾隆做壽禮。有個廣東商人拿著一個大櫃向兩淮鹽政使兜售。這不是普通的櫃子，而是西洋來的珍品。櫃中有房屋門庭，門一開，有一小人出來，對客人拱拱手，能自己研墨，取紅筆書寫「萬壽無疆」四字，掛在壁後，然後拱手退出。兩淮鹽政使覺得新奇，十分喜歡，也知道乾隆皇帝喜歡這類西洋之物，便準備買下。商人開價五萬兩銀子，兩淮鹽政使毫不猶豫地答應了。

買賣敲定了，商人當然高興，沒想到出門時，鹽政使的門丁向他索要五千兩銀子。商人當然不願意，你一個小小的門丁，居然敢獅子大張口，想要買賣的十分之一。門丁說：「如果你不給我，這東西明天就沒人要了。」商人沒理他，認為他是嚇唬自己。沒想到，第二天商人到鹽政使府上準備交易時，鹽政使居然真的說不要了。無論商人再怎麼推銷，對方就是不肯要了，最後下了逐客令，煮熟的鴨子就這麼飛了。

誰把鴨子給放飛了？真的就是那個門丁。原來，門丁索要銀子不成，就準備壞商人的事。當天他找機會散布這樣的話：「這種東西雖然精巧，但畢竟都是機關控制的。如果在運送過程中有什麼碰撞損壞，等進呈給皇上玩賞時，要是脫落了最後一個字，或根本就不動，那這禍就闖大了。」門丁的說法傳到了鹽政使耳裡，他一想覺得很有道理，便決定不進貢這個櫃子，當然也就不會買了。門丁雖然是下人，但他們更接近權重的主人，他們的話對主人的影響很大，雖然位卑，他們的影響力可不小。正應了那句話：位卑，未必權不重。

其實職位低下的小人物，不僅能夠透過吹風得勢，很多時候他們手中就有勢力。這一點，明朝宰相張居正深有體會。張居正曾與人討論：軍隊將校升官取決於誰的問題。是兵部長官？是宰相？還是皇帝？最終張居正給出的答案是：取決於兵部的小吏。

根據當時的規定：軍隊將校升官，論功行賞，取決於首級數量。如果下面想升官的人不賄賂這些小吏，他們就會出難題了。等到軍官的業績報告送上來，他們就把報告中的首級數量塗抹，然後再按原數字填回去。這樣他們就以「字有塗改，按規定必須嚴查」為藉口，把這件事情給壓下來。如果下面官員還不賄賂他們，他們就以回查為理由，把報告給打回去，這一查可能就是幾年內再也沒有結果。若官員肯把銀子送上來，他們又改口：「字雖然有塗改，但經仔細檢查貼黃，發現數字沒有更改，並沒有作弊。」如此，報告才能進入程序，雖然一切才剛剛開始。但如果打點不好這些小吏，連進入程序的機會都不會有。

那個時代還有個背景：即下面的人冒領軍功。因為功績大小按照首級數量來確定，有些黑心的軍官甚至會濫殺百姓而誣其通匪，這樣首級自然就多了。

如果小吏等銀子等得不耐煩了，就可能把報告上交，並說這個首級數量可疑。則朝廷必然要嚴查，這一查還談什麼升官，自己腦袋能不能保住都不一定了。而同樣的道理，如果小吏的胃口得到了滿足，那即便是上面的人要求嚴查，他也會極力幫忙，把事情遮掩過去。瞧，儘管小吏的官未必及得上人家手下的一個小將領，這些小吏確實在一定程度上掌握了將校的命運。還是那句話：位卑，未必權不重。

深入解析

縱橫沙場的李鴻章被人陷害了，遊走商場的商人被人攪局了，威風八面的將軍被人壓制了，阻礙他們的都不是什麼大人物，只是太監、門人和文員。

民間傳說中，灶王爺不過是天帝派到人間來的眾神中一尊普通的神，只因為他每年年終要到天帝那裡去彙報工作，凡間的各色人等對這尊神便敬之唯恐不恭。在他上天之前，還要打糖糕給他吃，用飴糖甜他的嘴，目的便是讓他返回天庭後只說人間的好話，不彙報缺點錯誤。生活其實和官場一樣，有大人物，有小人物，位高權重者有，職位低下、人微言輕者有，凡此種種不勝枚舉。很多時候，大家會把注意力集中在位高者身上，正所謂「上有所好，下必甚焉」。也正如此，很可能會忽略平時看起來不起眼的小人物，他們往往有個特點：在領導者身邊做事。打個比方，他們都是職場中的「灶王爺」，因為他們向主管彙報起來更便捷，因此，一定要留心與這些人的關係。李鴻章等人的故事告訴我們一個道理：**小人物也能有大影響**。

對待這樣的人，雖然不提倡「積極拉攏」，但至少要做到「不得罪」。一旦得罪了他們，不知道什麼時候就讓人在背後捅一刀。當然，筆者也不是要把他們列入「壞人」一列。只是他們與領導人太接近了，可能一句有意無意的話，就會影響到領導人對某人、某事的看法。因此，雖然他們權位低，影響力卻不小。當然，我們不能只看到這些人的壞，也要積極去發現他們的好。例如，透過他們委婉地向主管表達意見和建議，透過他們與其他同事進行協調，透過他們為自己的工作爭取更多的資源等。重要的是你要如何去認識他、如何運用這層人脈，倘若方式得當，一樣可以變壞為好。這三個故事從側面告訴我們一個道理：與主管身邊的人打交道也是工作內容之一。

小事，未必不可大

宋朝時有個叫魯宗道的人，為官時善於考察官吏，真宗曾為其直言所感動，在金殿的牆上大書「魯直」二字，並在朝內發起了「向魯宗道學習」的運動。後來先後升任戶部員外郎、直龍圖閣，仁宗即位後改任戶部郎中兼判吏部流內銓。

有一次真宗有事要召見魯宗道，結果傳令的人到了魯家卻沒看見人。於是就在家裡等他，過了一個多時辰，才看見魯宗道回來。傳令的馬上對他說：「皇上要召見你，我已在這等你一個時辰了，您做什麼去了？」「來了兩個朋友，出去喝酒去了。」傳令的一聽，這位大哥居然因為喝酒而讓皇上等了一個時辰，於是對他說：「皇上會責怪您的，您趕快想想怎麼回話吧。」

聽到這話魯宗道也琢磨著，若照實告訴皇上：「我喝酒去了，所以來遲了，對不起啊。」這話好說，在皇上那可就不好聽了，弄不好皇上會生氣，說不定會因此影響自己前途。但轉念一想：「喝酒是人之常情，我因喝酒而誤事，最多只算犯錯，而如果我因此瞎編謊話騙皇上的話，那就是欺君，這可是彌天大罪，到時候影響的就不只是前途了。」

於是魯宗道見到真宗的時候，還是如實地稟告皇上。魯宗道謝罪道：「臣家境貧窮，連件像樣的酒具都沒有。因此，有鄉親遠來拜訪，就邀請他到酒館去喝酒。為避免有失官體，臣換穿便服，所以百姓都認不出我來。」真宗聽後也沒有就此責難於他，只是說了句：「你是大臣，此事恐怕會被御史彈劾。」同時認為此人行事坦蕩，可堪大用，魯宗道這才有了後來的青雲直上。這件事情很圓滿，三個人都得到最好的結果。但故事也許會向其他的方向發展，不信且繼續往下看。

首先講一個看似無關緊要的小人物——傳令官。人說：「宰相的門人七品官。」一正反映出這類小人物的重要性，同時也道出了此類小人物的圓滑。宰相的門人尚且如此，更何況是皇帝的近侍。這個傳令官到了魯府，沒有看見魯宗道，其實後面發生的事情本可以與他無關，他可以直接回去和真宗稟告：「沒看見人。」那就不會有後面的圓滿結果，但他沒有回去，而是選擇在那裡等他。

假設傳令官當時就回去了，會出現什麼情況？真宗肯定會生魯宗道的氣，我皇帝要找你一個臣子，居然會找不到，你比我這皇帝還忙啊？皇帝若是生氣，後果會很嚴重，魯宗道事後肯定要被責難，而且被罵得不明就裡。魯宗道挨罵後會埋怨誰呢？當然是這個傳令官，他會想：「你這小子是存心跟我過不去啊？看我不在家，你就馬上就回來復旨，你就不能先找找我？不能先等等我？」這下這個小小傳令官就和朝中重臣結下梁子了。這還沒完，皇帝找魯宗道肯定是什麼緊急的事情，可傳令官人沒見到就回來了，令沒傳到還叫什麼傳令官？這樣只會給皇帝留下一個辦事不利的印象，不僅得罪權臣，連前途都給搭上了。

好在，傳令官沒有看不到人就馬上回來，而是在那裡等著。人回來後，傳令官在聽到魯宗道不在的原因之後，告訴他：「皇上會責怪您的，您趕快想想怎麼回話吧。」這句話實際上是做了個順水人情。「皇上會責怪您的」，體現出一種關心；「您趕快想想怎麼回話吧」，則表示我很為你著急。看著別人關心自己，為自己著急，你要領不領這份情？更高明的是，傳令官只說了「想想怎麼回話」，他沒有告訴魯宗道編造藉口，想到這一層的是魯宗道自己，傳令官並沒有點破。因為編造藉口騙皇上那是欺君，而勸別人欺君（犯罪），按現在的話講就是教唆，萬一欺君之事敗露，傳令官也要受牽連。而傳令官點而未破，所以魯宗道要怎麼做就是個人的事情了，結局若圓滿，魯宗道要領我一份情，如果沒好果子吃也與我無關，我最多就是費了點唾沫。

再說說真宗。真宗在整件事情中最值得稱道的就是「沒有就此責難於他」。作為一個皇帝，臣子因為喝酒讓自己乾等了一個時辰，而他居然能容忍下來，輕描淡寫地讓事情過去了，這首先體現出他的「容」。曹操能成事在於能容，李世民能開創貞觀之治也在於能容人……一個領導者能有多大成就，不在於他能做多少事情，而在於他能容得下多少人、多少事。如果因為一點小事就為難下屬，以後誰還會為他賣命？喝酒本就是人之常情，如果對此常情責難，則是「滅人性」，顯然不符合「人性管理」的基本原則。人之所以會說謊，出發點在於想要自我保護，如果說真話會被處罰，那以後所有的人都只會說假話，則真宗這個皇位就難保了。

同時真宗沒有說什麼大道理，只是提了一句：「你是大臣，此事恐怕會被御史彈劾。」首先，真宗沒給魯宗道上一堂思想政治課，講該如何為國家之事鞠躬盡瘁，講該捨小家為大家，甚至提都沒提這些事情。作為領導者，他只要下屬服從自己，無法德服的話，讓下屬敬畏自己也就可以了。如今魯宗道主動承認錯誤，至少說明他還是敬畏自己的。那還需要說教嗎？其次，此事真宗還沒完全弄清楚，相信等魯宗道走後，傳令官還會和自己詳細稟告，若在不明是非的情況下赦免，恐怕有變數，所以拋出個「御史彈劾」。有了這句話做鋪墊，如果魯宗道犯了很大的過錯，把御史拉到前面來就可以了，自己也不至於落個「被人蒙蔽」而下不了台階；如果沒有什麼大過錯，可以就此罷了，或讓御史彈劾，稍加訓斥他，自己再出來做個順水人情為魯宗道開脫。

回頭說說魯宗道。魯宗道值得稱道的地方在於：他沒有為了掩蓋過錯而找藉口。世間許多大事都是由於想掩蓋而引發的。小偷進到別人家偷盜，因被主人撞見，為避免被人抓住而殺人滅口，偷盜這件小案成了登堂殺人搶劫的大罪；情侶間交往，先吹噓自己如何富有，後為給對方買一件貴重的禮物而搶劫，就從最初的欺騙變成了搶劫；檢查消防通道，因偷懶沒完全檢查，彙報的時候為了掩飾自己的懶惰而告之全部妥當，結果火災發生時卻因通道堵住而出了人命，本是一件工作不盡責的過錯，卻因為掩蓋事實而令人喪命……魯宗道值得稱道，不僅僅在於其誠實的品格，更體現出巧不如拙的智慧，說明了「大智慧高於小聰明」的道理。

另外一個值得稱道的地方在於魯宗道的識大體。在謝罪時他說：「為避免有失官體，臣換穿便服，所以百姓都認不出我來。」一句話就顯示出他的高水準。一個人有什麼樣的身分就該有什麼樣的行為，不可為圖一時暢快而損害個人形象。魯宗道喝酒都不忘穿便裝，比起那些公務用車直接停在娛樂場所、穿著工作制服在街市上打架的行為要高明得多。換個角度看，如果魯宗道穿著官服飲酒，就是「有失官體」，若被御史彈劾，就不只是彈劾他喝酒這件小事，而是有失官體這件大事。穿不穿官服本身是件小事，對最終影響是大還是小卻是件大事。

深入解析

我們每天都在做事，每天都在說話。但與在家不同，工作時特定的環境相對比較特殊，套用電影中警察經常說的：「你有權利保持沉默，但你所說的話將影響重大。」我們每天所說的話，真的那麼重要嗎？當然重要，看了上面的故事，你就知道語言的力量有多大。

本來只是一件喝酒的小事，因為牽扯到皇帝和朝廷重臣，一不小心就有可能變成大事。傳令官很謹慎，苦等魯宗道回來，令傳到了而且做了個順水人情；魯宗道很謹慎，避免喝酒誤事變成欺君之罪；皇帝也很謹慎，避免因一件小事而傷了臣子的心。一件事情如何看待、如何處理都將直接影響事情的發展走向，如果一個不小心，小事化大，大事化無窮，就會連個轉圜的餘地都沒有。魯宗道的故事告訴我們一個道理：**任何細節都將決定結果**。

對事情的謹慎體現在最終語言溝通上。溝通（說話）這個事情，由兩部分組成，一是個人的意識形態，另外一個就是語言工具。很多人往往只關心自己怎麼想，卻忽視了工具的重要性。其實用語與思想同樣重要。世界上最遙遠的距離不是天涯海角，而是你站在我面前侃侃而談，我卻不知道你在說什麼。溝通的一個基本點就是讓對方明白你的意思，你說得天花亂墜，結果對方一句也聽不懂，那就等於白說。一定要根據自己的意思，整理出語言的「中心思想」，並根據這個重點和關鍵組織資訊，以確定這個資訊在發出和接收過程中能夠正確編碼、解碼。這個故事告訴我們一個道理：**每句話都有它的資訊**。

眼淚，未必不為器

「三老董公遮說漢王，以義帝死故，漢王聞之，袒而大哭，遂為義帝發喪，臨三日。」這是《史記．高祖本紀》中的一段記載。說的是漢高祖劉邦在還是漢王時為楚義帝哭靈三日的故事。當時發生了什麼？

秦亡後，楚懷王孫子熊心名義上是當時楚國的君主。公元前二〇七年，劉邦、項羽先後攻入咸陽，事情有了變化。項羽尊懷王為「義帝」，隨後自行分封天下，劉邦被封為漢王，項羽則自立為「西楚霸王」，定都彭城。不久，項羽把義帝徙至長沙郴縣，義帝被逼起行，在途中被項羽暗中命令英布等人殺害。

已經接受漢王封號的劉邦聽聞此消息後，決定發兵攻打項羽。隨後在洛陽遇到了一位董姓鄉官。這位董公不簡單，雖然他的名字沒有在歷史上流傳下來，卻在《史記》中留下了「董公說漢」的故事。這位董公對劉邦說：「我聽說『順德者昌，逆德者亡』、『兵出無名，事故不成』。因此『先聲明對方是叛賊，亂事方可平定。』」劉邦聽從了他的建議，為被項羽殺死的義帝發喪。同時命使者遍告天下諸侯：「我們的皇帝是義帝，可如今項羽卻把皇帝殺了，這真的是大逆不道。希望大家能同我一起討伐項羽。」並在三日內為義帝大哭了三場，哭得淅瀝嘩啦，這眼淚可不是白流的，它比刀子更能要了項羽的命。

項羽可以稱得上是軍事家，但他不是政治家，不過他的敵人劉邦是政治家，因此劉邦得了天下。劉邦哭義帝，很明顯是有著很強的政治目的。他透過哭義帝為自己樹立一面正義的旗幟，宣布自己是正義之師——討伐項羽不是為了爭奪天下，而是要為義帝報仇，誅殺以臣弒君的元兇——項羽，他透過自己的哭，為自己在後來的楚漢戰爭中搶占了一個道義上的制高點。

此後，劉邦就處處打著為義帝復仇的旗號，作為自己東伐項羽的理由。最終的結果大家都知道：項羽於河邊自刎，劉邦成了漢高祖。雖然不能否定在戰爭中具體技術層面的東西（如武功、兵力、兵法以及機遇等），但也同樣不能否定劉邦這三天眼淚所帶來的社會影響。可見：眼淚，未必不為器。

作為高超的政治家，劉邦以哭得來了天下，可他的哭戲還沒有結束。項羽烏江自刎後，他手下的殘餘各部紛紛投降劉邦，魯縣卻寧死不降。原來，項羽家世代繼承著一個封號——魯公，而魯縣就是他們家的封地。「我連項羽都收拾了，你一個小小魯縣居然敢不投降？」劉邦很生氣，於是率兵將魯縣裡外三層包圍著，揚言要屠城。不過後來劉邦放棄了這個想法，命人挑著項羽的人頭出來，這下澈底瓦解了魯人的抗爭，向劉邦投降了。劉邦進城後的第一件事情就是以魯公禮厚葬項羽。喪葬儀式上，劉邦撫項羽靈柩嚎啕大哭，不知道的人還以為他倆是親兄弟呢，弄得魯縣百姓心裡也不好再抵抗劉邦了。難道劉邦和項羽真的是英雄相惜？

劉邦和項羽倆人的仇早不是一天兩天的事。這麼長時間來，項羽是劉邦欲除之而後快的宿敵，劉邦為除去項羽不惜一切代價。現在敵人終於被消滅了，難道劉邦會因此「獨孤求敗」般落寞而傷心？怎麼可能，他劉邦又不是被虐狂。心裡樂不可支，怎麼可能有傷痛之情？沒有傷情，又怎麼可能撒傷心淚呢？所以劉邦哭項羽，絕對是一場有預謀的作秀。那他為什麼要哭呢？

首先，劉邦要讓自己顯得有情有義。劉邦和項羽並非從一開始就勢不兩立，兩個人曾經也是一個戰壕裡的弟兄。而且劉邦和項羽在名義上還有個上下之分，按照封建時代的說法是「以下犯上」。為何？前面已經提到過了：「項羽尊懷王為『義帝』，隨後自行分封天下，劉邦被封為漢王。」雖然都是王，但劉邦是受項羽之封，從這個角度可以說是劉邦背叛了項羽。劉邦為什麼要攻打項羽？難道真的是為了義帝報仇？當然不是，他是要奪天下，要不然他就不可能是漢高祖了。但為了自身利益而背叛主管，這實在是不義之舉，更何況是在那個封建年代？因此，劉邦在成功除掉項羽後失聲痛哭，為的是表現出自己有多麼愛戴項羽，倆人感情如何之好，如果不是項羽先殺死義帝，自己肯定不會與他為敵，自己是不得已而為之。本是一件無情無義的事，結果這一哭，倒成了有情有義，這眼淚真沒白流。

其次，劉邦要收服天下人的心。最大的敵人沒有了，劉邦也該開始籌劃當皇帝的事了。但這裡面有難題，天下人的心還沒收服啊。就拿魯縣來說，他們能心甘情願地讓自己做皇帝嗎？還有其他的諸侯呢？雖然自己比他們強大，誰不服可以收拾他，但沒有比這更好的辦法嗎？有句話叫「恩威並重」。自己有兵有馬自然有威，但更需要體現出自己的恩。這不是簡單地給大家送點銀子的問題，而應該用自己的德行去感化天下人，這才是最大的恩。因此，劉邦哭項羽就是個施恩的過程。過去那麼大的敵人我都能在死後為他哭靈，天下還有什麼事、什麼人是我不能寬容的（當然是在除掉之前還是之後原諒就不一定了）？看來，眼淚用得好，比幾萬兩黃金更能收買人心啊！

其實類似劉邦哭項羽的故事在歷史上並不少見，世人廣為傳誦的當屬《三國演義》中諸葛亮哭周瑜了。話說諸葛亮三氣周瑜之後，東吳大都督居然被氣死了。周瑜的部下都想殺了諸葛亮給老大報仇，刀都磨好了，就等著機會找諸葛亮報仇呢，諸葛亮居然在此時來弔唁周瑜。諸葛亮在靈前設祭物、親奠酒，然後開始背誦自己寫的發言稿。將他周瑜捧上天，如何雄姿英發、文韜武略、雅量高志，如何幫助孫權割據江南、定建霸業。末了一句：「嗚呼公瑾！生死永別！魂如有靈，以鑑我心——從此天下，更無知音！嗚呼痛哉！」把整場哭戲推上了高潮，而後戛然而止，站起來和家屬答禮，然後安然回去了。

其實周瑜和諸葛亮談不上什麼交情，倆人從見面開始總不對盤。但諸葛亮一個不小心把周瑜給氣死了，這事情就鬧大了。他倒不怕周瑜的部屬來殺自己，自己有張飛、關羽、趙雲保護，只要平時不到東吳串門子，東吳的人根本動不了自己一根汗毛。但他現在必須要拉攏東吳，拉攏孫權，以挽救即將破裂的「孫劉聯盟」，為北拒曹操方略贏得時間和支持，所以他必須讓東吳人相信：周瑜的死和我無關。因此他去弔唁了，而且哭靈了，哭得淚如湧泉、哀慟不已。最後他的目標實現了，他感動了東吳的將領，這些將領不但不想殺諸葛亮了，而且還對自己以前的思想認知產生了懷疑：「人盡道公瑾與孔明不睦，今觀之其祭奠之情，人皆虛言也！」連魯肅見孔明如此悲切，亦為感傷，自思曰：「孔明自是多情，乃公瑾量窄，自取死耳。」看看，一捧眼淚解決了多少問題。還是那句話：眼淚，未必不為器。

《三國演義》是一部傳世之作，作者羅貫中更是打造「哭星」的高手。例如，劉備就被他打造成「因哭而得天下」的皇帝。實際上，在《三國演義》中，另一位主角曹操的哭戲也不少。

曹操和袁紹在反董卓時曾是一個戰壕裡的，後來倆人反目成仇乃至兵戎相見。經過幾場打殺，曹操終於打敗了袁紹，袁紹兵敗身亡，死得慘烈。得勝後曹操辦的第一件事就是到袁紹的墳前祭奠，哭得很傷心。此舉用意同前述。

後來，曹操收服了張繡。曹操因納張繡嬸嬸鄒氏為妾，氣得張繡造反。在那個驚心動魄的夜晚，曹操的長子和侄子都死於兵亂之中，一同死去的還有被人偷去鐵戟的典韋。沒有武器的典韋死拒寨門，還不忘告訴曹操：「趕緊跑，我給你斷後。」結果典韋被亂箭射死。後來曹操親自到典韋靈前哭祭，顧謂諸將曰：「吾折長子、愛侄，俱無深痛，獨號泣典韋也！」死了兒子、侄子都沒有失去典韋傷心，曹操的眼淚換來的是「眾皆感嘆」。第二年，正騎馬帶兵趕路的曹操忽然大哭。曹操說：「我想起去年典韋就是戰死在這，所以傷心地哭了。」於是馬上令隊伍停止前進，擺設祭筵，憑弔典韋亡魂。曹操親自拈香哭拜。當然，這次他換來的是「三軍無不感慨」。

曹操連兒子死了都沒哭，卻能為損失一員大將而哭，這怎能不讓給他賣命的將軍感動？人走茶不涼，過了一年，故地重遊時居然再次想起並為之落淚，三軍又怎能不感慨？這兩次哭體現出了曹操的馭人之道。真情也好，假意也罷，這兩次眼淚為曹操換來的是謀士如雲、武將如林，且個個都願意與他同生死、共患難。這不正應了那句：眼淚，未必不為器嗎？

深入解析

劉邦、諸葛亮、曹操，哪一個不是名聲響亮的大人物？但這些大人物居然都如此哭過，真是讓眾人跌破眼鏡，難道真是應了那句「男人哭吧不是罪」？

劉邦和義帝沒有什麼交情，和項羽更是水火不容，但劉邦依然為他們哭泣；諸葛亮和周瑜本就面和心不和，兩個人明裡暗裡較勁，但諸葛亮還是為周瑜而哭；曹操與袁紹一直都是兵戎相向，但勝利者依然為失敗者袁紹而哭。他們三人最大的特點都是為敵人而哭，我們稱之為「鱷魚的眼淚」。我們都知道，這很假，這是貓哭耗子假慈悲，這都是作秀給別人看。是的，這本就是作秀，看的人也都知道這是假的，但這個形式很重要，因為這是必須的過場。勝利者經常忽略了其他人的感受，忽略了他人對道義的尊崇。道義是中國自古以來被使用得最多的討伐理由。不哭，就是沒有道義，給了敵人討伐的理由；哭，就有了道義，堵住了敵人的嘴。劉邦等人的故事告訴我們一個道理：**很多事情本就有必要作秀給別人看！**

英雄該不該落淚？哭是不是軟弱的表現？其實，當這些疑問在心中萌芽的時候，也往往代表著思考這個問題的人可能會有糟糕的人際關係。為什麼？因為只有硬漢才會有這樣的疑問，但硬漢往往容易忽略其他人的心理感受，更容易因信守強硬不示弱而得罪人。當然，筆者也不是想提倡大家哭哭啼啼，我想說的是：既然那些偉大的人物可以哭，為什麼我們不可以懷柔呢？曹操哭典韋，對其三國霸主的形象沒有絲毫的影響，相反，大家會覺得曹操更高尚，是剛強正直的領導人。哭本身不是問題，為什麼哭？哭誰？哭給誰看？這些才是哭戲的核心。曹操能夠號令天下英雄，不得不承認和哭典韋所表現出對人才的愛惜有很大的關係。曹操的故事告訴我們一個道理：**情感比金錢更觸動人心**。

愚鈍，未必是真傻

南宋時的秦檜，因以「莫須有」罪名殺死著名將領岳飛而遺臭萬年。他在相國位上十九年，朝政莫不由其把持。位高權重，自然有人巴結。因此，全國各地進貢給皇帝的貢品都是先送入他府上，等他挑選之後才呈送到宮中。天下的寶物由他先挑，他家的東西甚至比皇帝還要多、還要好。

秦檜雖然對下面是一手遮天，但他畢竟不是「天」，因此經常派妻子王氏到宮中拉攏太后和嬪妃一干人等。一天，王氏又到宮中與太后聊天，太后抱怨道：「這些日子啊，宮裡很少看到大尾的鯔魚了。」王氏一聽，鯔魚？這東西我們家多的是啊，終於找到機會巴結太后了。於是，她對太后說：「太后要是想要，臣妾家裡有，明日臣妾就給太后進貢一百尾來。」太后聽後說「好！」

王氏回家後就和秦檜說：「今天我可找到機會巴結太后了。老太太也怪可憐的，想吃大尾的鯔魚，我看我們家還有很多，就說明天給太后送過去一百尾，讓她也解解饞，日後也好向著我們說話。」秦檜一聽，直覺不太對，責怪妻子太招搖，這下可惹麻煩了。第二天，秦檜命人準備了一百尾醃鯖魚送入宮中。

秦檜為什麼一聽妻子說要給太后送魚就覺得是個麻煩？他不是一直在尋找機會巴結太后嗎？有機會送禮，為何又突然不送了？明明說好送鯔魚，秦檜為何送去了一百尾醃鯖魚呢？秦檜這樣做豈不是很愚鈍？他當然不傻，要不然他也沒有陷害岳飛的本事，他這麼做正說明了：愚鈍，未必是真傻。

先來看看太后看到醃鯖魚後的反應。太后見了醃鯖魚，不僅沒生氣，還哈哈大笑道：「我就知道這孩子胡說，宮中都沒有的東西，相府裡又怎麼會有呢？」聽了太后的這句話，就不得不佩服秦檜的奸詐。

秦檜位再高，也不可能高過皇帝的位置；權再重，也不可能重過皇帝的權力；錢再多，也不可能多過皇帝。因為他是皇帝的臣子，奸臣也罷、忠臣也罷，位置決定了他必須比皇帝次一等。因此，皇帝有的東西，他不一定有；皇帝沒有的東西，他一定不可以有。否則，自己就要禍到臨頭了！

如果秦檜傻乎乎地為自己比皇帝更富裕而沾沾自喜，那他就離死不遠了。

想想，連太后想吃條大尾的鯔魚都如此困難，可見這鯔魚是十分珍貴的東西。

可秦檜的妻子只怕是見慣了大場面，沒把大尾的鯔魚當回事，要給太后送魚，而且這一送就是一百條，怎麼說也得把這「沒見過世面的老太太」給嚇一跳吧。

而太后被嚇一跳之後會怎麼想？她會想：「不對啊，這天下是我們家的啊，怎麼他秦檜比帝王家場面還要大？還有什麼是他有而我沒有的啊？」一旦太后開始想這個問題，就會很「好奇」地打探秦檜還有什麼，而這正是秦檜最害怕的。

秦檜是誰？是奸臣，是貪臣，這是事實。所以，他最害怕的就是皇帝查他，他做的一切壞事都得瞞著或者騙著皇帝。他畢竟不是皇帝，他得靠著皇帝這棵大樹才好乘涼。一旦皇帝開始對他「好奇」，就會派人調查他。他不怕皇帝知道他有錢，但他害怕皇帝知道他為什麼有錢。因此，他不能讓皇帝調查他，不能讓皇帝對他有任何興趣。要避免被查，就得裝得「正常」一點，讓皇帝覺得秦檜和其他大臣沒什麼兩樣。所以秦檜一聽妻子到太后那裡炫耀，要給宮裡送一百尾鯔魚，就知道大事不妙。太后也許分不出秦檜是忠臣還是奸臣，但有錢沒錢還能分出來，正常不正常還能分出來。但既然只要不比皇帝有錢就行了，那鯔魚不送不就得了？為什麼還要送鯖魚進去？而且還是醃製過的鯖魚？

其實這正是秦檜聰明的地方。明明說好要送去的，回頭卻說不送了，容易被人懷疑：他秦檜有，不過是後來想明白了，才推說沒有。太后看到送來的魚不是鯔魚時，哈哈大笑，表示自己釋疑了，但這也說明了太后從聽王氏說家裡有鯔魚時就對秦檜起疑了。

愚鈍，未必是真傻。現在你秦檜忽然說不送了，不代表你沒有。你是不願意給我？還是說以前有而現在沒有了？那太后不就更感興趣了嗎？即使太后當下沒這麼想，日後若問起來：「你說送來的魚怎麼沒有了？」秦檜也不好奏答。說：「我怕顯得比妳有錢，所以沒送來。」這顯然不合適。說：「我家裡的魚吃光了，所以沒送來。」這更不合適。說：「我當時是順嘴胡說的，其實我家裡根本就沒有這種魚。」合適嗎？不合適，和太后說話還敢胡言亂語，那你平時是怎麼為朝廷辦事的？因此，最好的辦法就是裝傻。我妻子沒見過世面，以為鯖魚就是鯔魚呢，所以才說家裡有。更高明的是這個青魚是醃的。

一百條魚，在那個年代已經不是小數目了，秦檜家裡卻有一百條，而且還都是活的、新鮮的，那你得有多大的池塘啊？你家有那麼大的池塘，那你的房子得多大啊？這就又顯示出秦檜有錢了。所以秦檜呈送的魚是醃製的，這就好說了。魚便宜，家裡採購得比較多，多了放不了，沒辦法就用鹽醃了，這樣既可以堆著放又不占位置。

秦檜已經為歷史定性，但觀其能為相十九年而屹立不倒，除碰上了一位昏君之外，其自身的為人處事也有其獨到的地方。這種獨到，就是深知：愚鈍，未必是真傻。歷史上，懂得這個道理的人還有很多。

商朝的紂王昏庸至極，經常在酒池肉林裡狂歡醉飲。有時候，他都喝糊塗了，甚至連日子都忘記了。一天，殷紂王又喝多了，忽然想知道今天是幾月幾號。他自己著實想不起來了，便問左右的侍臣，他們也都喝得忘記了今天是哪天。於是紂王就派人去問箕子。箕子沒喝酒，正在家裡待著呢。聽到使者問他今天是幾號，他忽然拍拍腦袋說：「我也是剛剛醉酒睡醒，我也想不起來今天是何月何日了。」

青天白日之下，沒喝酒的人居然不知道今天是哪天，箕子夠愚鈍吧？但前面說了：愚鈍，未必是真傻。他能成為朝廷重臣，絕對不是傻子，那他為什麼要這樣說呢？其實這正是箕子聰明的地方。「世人皆醉唯我獨醒」，這得分在什麼時候、面對什麼人。別人都不知道，就你知道，你怎麼就那麼特別？連紂王都不知道的事情，箕子卻知道，難道箕子比紂王還聰明？如果面對一個明君，臣子聰明，做君主的高興還來不及。但他現在面對不是明君，那聰明過頭就會讓人看不順眼了。我們都喝酒，就你不喝酒，顯得你清高？不願意和我們同流合汙？這樣自然就給自己樹立了敵人。再者說，紂王身旁的那些侍臣難道真的都喝到不記得是什麼日子了？在紂王左右的人都知道避諱，箕子能不知道嗎？因此，他說自己剛剛醉酒睡醒，表示自己並非清高；說自己也想不起來今天是何日，表示自己不比紂王聰明。這樣就不會因為「聰明」記得今天是什麼日子，而給自己惹上禍事。

箕子是沒醉裝醉，可竹林七賢之一的阮籍就是每天都喝得大醉。他喝酒喝得厲害，甚至曾大醉六十天，而且醉得不省人事，不能說話。他為什麼醉？

原來司馬昭想為後來成為晉武帝的兒子司馬炎向阮籍求婚，希望兩人能結為親家。俗話說：司馬昭之心，路人皆知也，阮籍當然也知道。阮籍不想與司馬昭為伍，但為性命考量，又不願與司馬昭發生正面衝突。因此，阮籍整天喝得酩酊大醉，為了躲避司馬昭，竟然大醉六十天，讓司馬昭根本就沒有機會把話說出來。後來司馬昭沒辦法，只得打消了這個念頭。可是他的手下大將鐘會就看不過去了，覺得阮籍太不給面子了，想找機會陷害阮籍。鐘會於是經常拜訪阮籍請教時事，想從阮籍的話中挑出毛病，以此定罪。阮籍當然知道鐘會是來找碴的，於是高舉「莫談國事」的「免談牌」，讓鐘會沒有機會抓住把柄。於是他故技重施，又繼續喝酒，醉得連話都說不了，自然沒有把柄讓鐘會抓，他也因此保住了性命。

酒醉的人還不是最瘋癲的，有比這更愚鈍的。明朝初年，朱元璋大殺異己，有個叫袁凱的御史得罪了這位明太祖。常伴在太祖左右，自然清楚太祖的心狠手辣的脾性，袁凱知道自己很可能性命不保。於是託病辭官歸隱，回老家避風頭去了。可朱元璋還是不放心，他派出了密探去探查。結果密探一看，大吃一驚：袁凱瘋了！瘋到什麼程度？袁凱爬在竹籬下，吃豬狗的大便。密探將看到的一切向朱元璋稟告。看著袁凱發瘋，不會再給自己搗亂了，朱元璋這才決定放袁凱一條生路。其實，袁凱早就想到朱元璋會派人來查自己，特意吩咐家人在炒麵中攪拌砂糖，令麵條呈糞便狀，自己再以吃「糞」的舉動來「證明」自己瘋了，以保全性命。

深入解析

別人笑我太瘋癲，我笑他人看不穿。懂得裝傻並非就是傻瓜，而是大智若愚。人不能處處聰明，想面面俱到，路路皆通，結果變成膚淺無知，路路不通。真正的聰明人不會顯露自己的聰明和與眾不同，因為這只會讓自己遭受無妄之災。做人切忌恃才自傲，不知饒人。鋒芒太露易遭嫉恨，更容易樹敵。功高震主不知給多少下屬臣子招致殺身之禍。不露自己的高明，也不以糾正對方的錯誤為喜，才是真正的智者。賣弄聰明的人自以為高明，實際上只是給自己畫了個花臉，讓別人恥笑不說，更有可能反過來成為眾矢之的。

如果秦檜真的把鯔魚送上去，則可能被皇帝抄家；如果箕子真的滴酒未沾而知道今日為何日，不會被紂王賞識，只會顯得與其他大臣格格不入。他們的故事告訴我們一個道理：**聰明人應該是不起眼的**！

人際交往，裝傻可以為人遮羞、自找台階；可以故作不知達成幽默；可以假痴不癲迷惑對手。面對敵人的攻擊，我們經常自以為聰明地與其正面交鋒，導致事倍功半。智者總是用最簡單的方法——即便那看起來很傻——因而事半功倍。秦檜陰險狡詐，懂得以分不清鯔魚和鯖魚來避免太后的懷疑；箕子位列朝臣，卻佯裝醉酒初醒，以讓自己、紂王及同僚保持現有的平衡；阮籍聰明一世，卻讓自己醉得一塌糊塗，以讓對手無法順利找碴；袁凱常伴君王，卻瘋狂得吃「糞便」，以迷惑朱元璋對自己的猜疑。他們愚鈍嗎？當然不是，相反，這才是真正的聰明。他們的故事告訴我們一個道理：**大巧若拙**！

從歷史看職場

職場宮心計

流傳千年的職場生存法則

國家圖書館出版品預行編目（CIP）資料

職場宮心計：流傳千年的職場生存法則 從歷史看職場 /
商振 編著 . -- 第一版 . -- 臺北市 : 清文華泉 ,
2020.3
面； 公分
ISBN 978-986-98857-3-7(平裝)

1. 中國史 2. 通俗史話

610.9 109002279

書　　名：職場宮心計：流傳千年的職場生存法則 從歷史看職場
作　　者：商振 編著
責任編輯：柯馨婷

發 行 人：黃振庭
出 版 者：清文華泉事業有限公司
發 行 者：清文華泉事業有限公司
E-mail：sonbookservice@gmail.com
粉 絲 頁：https://www.facebook.com/sonbookss/
網　　址：https://sonbook.net/
地　　址：台北市中正區重慶南路一段六十一號八樓 815 室
Rm. 815, 8F., No.61, Sec. 1, Chongqing S. Rd., Zhongzheng Dist., Taipei City 100, Taiwan (R.O.C)
電　　話：(02)2370-3310　傳　　真：(02) 2388-1990

定　　價：380 元
發行日期：2020 年 3 月第一版